JN409172

밀레니엄문학회 사화집

길 위에 길이 되어

도서출판 밀레

국립중앙도서관 출판시도서목록(CIP)

길 위에 길이 되어 : 밀레니엄문학회 사화집 / 저자 : 이지영 外 – 서울 : 밀레, 2011
176 p. ; 135×215 mm

ISBN 978-89-92541-14-5 03800 : ₩10000

한국 현대시 [韓國 現代詩]

811.7-KDC5
895.715-DDC21 CIP2011000176

*서 문

길 위에 길이 되어

밀레니엄의 텃밭에서
일곱 번째 작품집을 낸다
인생이라는 길,
곧은 길, 구렁진 길, 험난한 길들 많지만
그 길 위에서 시를 안고 걷는 우리는
영혼의 방에 등불을 켜들고
불꽃을 피우며 걷기에 행복하다
이번 작품은 신인들이 많아 설익은 과일들이 있지만
참신하고 순수한 그들만의 향기에 취하다 보면
가지 휘어지는 맛과 향이 넘치는 기쁨도 맛볼 것이다.
길 위에 길이 되어
소용돌이치는 우리네 삶에
밀레니엄이란 시가 있어
은하의 별들은 찬란하게 빛 날 것이다.

밀레니엄문학회 회장
정 찬 우

*차 례

유재원

이은유

이은자

손문주

장운자

박공수

류순자

김성자

박성해

강지운

서혜련

밀레니엄 연혁

*이지영 Lee, Ji Young

효성여자대학교 불문학과 졸업
한국문인협회 저작권 옹호위원
국제펜클럽 한국본부 회원
한국현대시인협회 중앙 위원
밀레니엄문학회 부회장
문예부흥운동지 '문예사랑' 편집인

시집_ 그리움으로 달려가 달빛에 젖고 싶다
젖은 날의 일기
꿈꾸는 밀어
가까운 사람아 먼 사람아
산 하나 품고
사랑으로 가는 바람
절망의 층계 쌓기
소멸의 뒤안길
육부능선에 서서
수상_ 문예사조 문학상
문학21 문학상
한국민족 문학상
황진이 문학상
세계시가야금관 왕관상

주소_ 경기도 안양시 동안구 평촌동
꿈마을 동아아파트 311동 1002호
전화_ 031 · 422 · 7900 / 010 · 3346 · 7901

낡은 병풍

최씨 집안 장손 며느리는
제사가 많다
제사 때면 반가운 마음으로
맞는 팔 폭 병풍
앞면엔 친정 아버님의 붓글씨
뒷면엔 어머니의 꽃 비단 자수
병풍 펼치는 날엔 부모님을 함께 맞는 날이다

한 땀 한 획 흘린 땀방울의 자수
좌우명을 심은 글들은
회한(悔恨)의 세월로
굳건히 나를 붙들어 준 힘

사십년 제사 때 마다
그 병풍도 들락날락
낡고 허물어져 삐거덕 거려
오늘은 아들이 새 병풍을 사들고 왔다

아들아 너에게 남겨줄 것이 없구나
시집 열권쯤 남긴다고 저 병풍만 할까
돌아갈 수 밖에 없는 눈물진 회귀(回歸)
어머니의 자수에 걸린
목단(牧丹) 수국(水菊) 떨기 같은 그리움
아버지 글씨에 배인 먹물로 번져난다

만추의 상념

늦가을 비 내리는 새벽 운동길
푸른 날 흔들어 대던 잎들을
서둘러 날려 보내느라 숲이 술렁댄다
흥건히 젖어 발길에 채이는 낙엽
삶의 늘그막에서 운동밖에 없다고
매달리는 A 시인도 새벽길 걷고 있겠지
시 앞에는 아직 서설이 퍼렇고 떨려
작품으로 만 말해준다고
몇 달을 은거하며 역사적인 대서사시를 쓰더니
구부정 허리 엉거주춤 다리 노인이 다 되었네
맑은 혜안(慧眼)에 눈망울이 맺인 초점
시의 열정으로 길에서 쓰러져도
시 쓰다 죽겠다는 K 시인
수전증으로 손가락 뒤틀려 떨고 있어도
이 새벽도 잠 안자고 푸른 꿈꾸고 있겠지
비바람에 낙엽들 뒤엉켜 요동을 치고
상념의 실타래 끝이 없는데
속절없이 이 가을은 떠날채비를 하네

산이 오라 손짓 하네

산이 거기 있어서
가는 것이 아니다

산이 오라 오라
손짓 하여 간다

오를 때는 끝없이 위를 쳐다보고
내려올 때는 고개 숙여 내려온다
올려다보아야 하는 그 곳
그 봉우리는 언제나 푸르고 싱싱하다
바람에 떠밀려 하늘에 오르면
위에서 지는 일몰의 해는 더 커 보인다

감추는 것 없이 다 보여주는
한없이 거대한 자연
산의 정상에 서면
온몸 벗어 던지는 자유
깊이 빠지는 사유(思惟)

산이 오라오라 해서
오늘도 산에 간다

설악(雪岳)에서

권금성 봉수대에 올라
하늘밑 구름 위에 서 있다
만물상 울산바위 봉우리들이
다투어 키 재기를 하고
신령들 앞세워 산맥을 이루고
그 기개(氣槪) 그 기상(氣象) 천하를 받쳐 올려
천만년 대한의 넋 품어 안으니
신장(神將)이시여 지켜주소서

운무(雲霧) 자욱한 대 자연 앞에
고개 숙여 기도하니
한 점 미물(微物)인 나
자비롭고 편안한 좌불(坐佛) 동상 앞에 하고
일상사(日常事) 시름 뒤로한 채
하늘 밑 구름위로 둥둥 떠 본다

흙의 의미

새벽 언덕길 발길에 채인 풀잎엔
이슬에 취한 귀뚤이가
단잠을 떨쳐버리지 못하고 있다

칭칭 허리에 세월 둘러 몸집키운
저 푸르른 고목은
얼마만의 삶을 거닐어
흙과 물의 조화를 이루었을까

새벽길손 느티나무 곁 지나며
이 흙은 한때 누구의 몸이었을까
어떻게 흘러 흘러 내 발아래 왔을까
어떤 생을 푸르게 노래한 흔적일까
의문부 발길질 하며
언젠가는 찰나에 사라질
철없는 나그네
흙을 밟는 행보의 행복을 배운다

기도

받아서 채워지는 가슴 보다
주어서 비워지는 가슴이게 하리

가득 차 넘치는 탐심 버리고
빈 가슴으로도
허허롭지 않는 가득함이 되게 하리

채우고 비움이 따로가 아닌
둘이면 하나인
그런 무소유로 살아가게 하리

무소유가 소유임을 알고
비움이 채움임을 알게 하리
가난이 곧 부자임을 알고 살게 하리

사랑이면 되리

시월의 어느 멋진 날 노래 들려오는
부풀은 햇살 스며드는 아침창가
그래 네가 있어 행복한 것을 지금껏 몰랐었네

바쁘게 달리는 하루
때로는 소용돌이치며
우는 날 많았을 때
곁에 네가 있어 해결해 주는 고마움 몰랐었네

가슴을 채워왔던 사랑의 언어
사랑은 깊어질수록 흐르는 물살
한때는 눈부시어 말 못하고
집착에 깊이 빠져 사랑인줄 몰랐었네

눈뜨면 목소리 들려주고 아프면 손잡아주는
너를 만난 세상 나에게는 행운
더 이상 바램은 없어
하나뿐인 사랑 둘이 나누며
이제야 알 것 같아
살아가는 이유로 사랑이면 되리

시월의 어느 멋진 날 노래 들으며
문득 깨달았네
네가 있어 행복하다는 것을

연인

눈앞에 보이는 너는
비온뒤 활짝 핀 여름장미
꽃잎 한장 들추어
바람으로 입맞춘다.
기다림이나 그리움은
없어도 좋다.

눈앞에 보이지 않는 너는
비온 뒤 사라진 안개
안타깝게 너의 허리 껴안아도
시한부로 우수수 떨어지는 가을 꽃잎
고독해도 좋다

너는
너무 가까이 있어도
멀리 있어도
달아나 버리는 도망자
눈앞에만 있어다오.

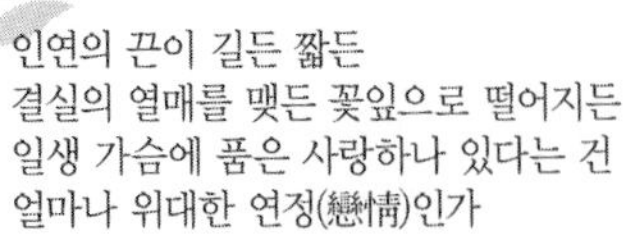

인연의 끈이 길든 짧든
결실의 열매를 맺든 꽃잎으로 떨어지든
일생 가슴에 품은 사랑하나 있다는 건
얼마나 위대한 연정(戀情)인가

*정찬우 Chung, Chan Woo

한국문인협회 저작권옹호위원
국제펜클럽한국본부 감사역임 (현)이사
한국현대시인협회 중앙위원
밀레니엄문학회 회장
현우무역(주) 대표이사
한국수입업협회 부회장 역임 (현)KOIMA CEO 합창단 단장
문예부흥운동지 '문예사랑' 발행인
도서출판 밀레 대표

저서_ (경영학) 다국적기업의 다국마켓팅 전략
한국의 대 중남미 플랜트 진출전략
한국의 대 중국 진출전략 등 다수
(시집) 내 영혼의 하얀 미소
내게 사랑 하나 있네
꽃으로 선 당신 등 다수

수상_ 한국민족문학상 수상
문예사조 문학상
탐미 문학상
문학21 문학상
에피포도 문학상(미국)

주소_ 서울시 서초구 방배3동 1008-2
래미안방배아트 아파트 102동 1102호
전화_ 02 · 583 · 7521 / 011 · 276 · 6116
이메일_ hyunwoot@hanmail.net

아! 조국이여

동방의 푸르른 산아여
오천년 반도의 빛 태양보다 뜨거워
아직도 우리 가야 할 길
저 먼데 있는데
어쩌자고 그토록 싸움질만 하는가

백의(白衣)의 민주애국 어디가고
정치도 교육도
도덕도 윤리도 없는
반체제 애국만 깃발 날리나

국기(國紀) 흔드는 붉은 세력
내 곁에 있는데
진정한 조국의 열사는 보이지 않는구나
어제도 오늘도 광장을 매운
붉은 악마의 깃발 누굴 위한 것이드냐

조국 있고 나 있는 세상
정신도 마음도 하나가 되리니
우국의 충정 가슴에 새겨
충절의 노래 부르자구나

세월의 훈장

세월의 주름 앞에
아직도 이십대 청춘의 꿈 가꾸는데
몸 따로 마음 따로 생각마저 제 각각이니
인생의 허무가 덧없이 보이네

비바람, 모진 풍파도
살어름 헤쳐 나온 초연의 청춘인데
시간과 공간을 넘지 못한 서글픔 앞에
젊음을 역행하는 상상(思考)의 시간이네

초속으로 급변하는 세월을 따르고져
온갖 힘 갖은 노력 다 해보아도
옛만 못하니
세상의 허무가 이것인가 하네

그렇게 지낸 세월의 훈장
주름진 모공(毛孔)만 남아
백발(白髮)의 숙연함속에
반짝이는 빛으로 여운만 달래네

합창

세상사는 이치
모두가 하나인 것을
어찌 그대들의 목소리만 내려하는가
높은음자리표는 언제나 불안하며
낮은음자리표는 언제나 희망이 없어 보이는 것

세상 살아가는 이치
빠르게 느리게 쉬어가며
도도리표도 그어가는 그런 삶 일진데
너만이 튀어나오면 모두가 무너져
헝클어지고 비틀려 쉰 소리만 나는 것

우리 세월 지나 깨닫는 것은
독창이 아니라 합창인 것을
그대 좋은 목소리 한 박자만 줄여
모두의 하모니 맞추어 가면
세상은 밝고 명랑해지는 것

우리들 가슴을 열어
손잡는 연습 열심히 하다보면
영성의 목소리로 하나가 되어
오라토리오의 화음으로 빛을 발하리

단 하나만의 사랑

세상 살아가면서
누군가를 연모(戀慕)한다는 건
참으로 아름답지 않는 가

인연의 끈이 길든 짧든
결실의 열매를 맺든 꽃잎으로 떨어지든
일생 가슴에 품은 사랑하나 있다는 건
얼마나 위대한 연정(戀情)인가

성취의 기쁨보다
아련한 추억의 회상으로 고이고이 간직한
은밀한 바람의 세례가
가슴을 떨리울 때
이 얼마나 숭고한 믿음의 결실인가

오직 하나만을 위한
지상과 천상의 유일함만을 위한
그런 나와 그대만의
단 하나의 사랑을 가졌다는 건
그 얼마나 고귀한 사랑인가

세상사 다 그런거지
-여유롭게 살세나-

세상사 참 어렵고 복잡하여
자존심 체면치레 눈치 보며 살아가고
윗사람도 아랫사람도
이웃도 모른 사람도
어울러 산다지만
이기(利己)와 집착에는 한 치의 양보가 없구나

권력도 부(富)도 지나고 나면 무용인데
무에 그리 좋다고 아등바등 사는 가
가진 것 다 갖고도
인심 잃고 살면 사는게 아닐진데
무에 그리 아쉬워 그리도 안달인가

가다가 목마르면 냉수 한 잔 들이키고
하늘 한 번 쳐다보고
땅도 한 번 쳐다보며
길고 긴 한 숨 한 번쯤 쉬어가며
지긋한 미소에 너털웃음도 치면서
친구와 짝지어 여유를 가지세나

바삐가나 느리가나
사는 시간 같은데
삶이 의미 되세기며
참다운 삶 누리게나
갖은 것 보다 베푸는 자세
존경의 극치인데
어이타 그 진리 깨우치지 못하는가

한 번이 두 번 되고
두 번이 세 번 되어
마음 한 번 고쳐먹고
느긋이 살다보면
여유도 존경도 제 발로 찾아오니
그리 한 번 살아가면
세상이 내 것이지

길

평지에선 선으로
능선에선 발자국으로
돌고 돌아 꺾기면서 이어지는 흔적들

흔적이 아직 길이 아니었을 때
누군가의 앞선 자국으로 남아
이정표를 그렸으리

최초에 내 디딘 자국들
흔적으로 남아
길 위에 길이 되고
길 밑에 길이 되는 역사이리니

가꾸고 닦아
후세의 자랑으로 꽃 피워 지리

자화상

세상엔 어둠과 빛의 양존 속에
무수한 이율배반의 선택을 강요받으며
살아가는 가련한 인간사
그 속에 내가 있고
또 네가 있음이
얼마나 허무맹랑한 짓이며
또한 다행한 일이 아니던가

자신의 이기와 편협을 쫓는
생(生)을 위한 처절한 몸부림
정상을 향한 무한도전의 아귀다툼
잠시도 타인을 배려할 줄 모르는
숨가쁜 체바퀴 인생들

한 걸음 또 한 걸음
쉬어가고 돌아갈 줄 아는
그런 꿈을 꾸지만
눈을 뜨면 또 다른 전쟁터에서
허덕이는 모습이다

생각과 현실의 괴리에서
참 사랑과 참 삶의 원리를
깨닫지 못하고 허덕이는 존재
인간의 가장 추한 모습까지도
사랑할 줄 아는
그런 사람이었으면

사랑은

사랑은
미로의 여행

가뭄속의 단비로 왔다
갈증만 남긴 채
떠나버린 바람

사랑은
가슴 설레이는 환희
상큼한 햇볕으로 왔다
우르르 천둥번개로
땅을 꺼지게 하는 비련(悲戀)

그러면서도
목말라 헤매며
혈(血)을 용해해내는
뜨거운 용광로

선율
–야릇한 떨림이었으면–

세상의 빛이 온통
빗줄기로 쏟아 붓던
어느 날
내 가슴 끝 처마를 스쳐 들려온
현(絃)과 활(活)이 빚어낸
아릿다운 아리아의 선율
울림과 떨림을 넘어
경의의 한을 뛰어 넘는다

슈베르트가, 바하가
헨델이 그러했듯이
나 또한
음(音)이 빚어낸
감각의 끈을 놓지 못하고
선율과 원고지의 그늘에서
세월을 낚고 있다

머언 먼 어느 날
현(絃)과 건반(鍵盤)위의 나비가 나르듯
작고 아름다운 내 마음의 향이
뭇 가슴을 울리는
야릇한 떨림이였으면

그 님의 사랑으로 홀로 이겨온 세월
그래서 가을 비단 '秋錦'이라 했던가요.
그래도 우리는 과수댁의 정절이 고와
그대를 과부의 꽃 '과꽃'이라 한다오.

* 강기옥 Kang, Gi Ok

한국문인협회 회원
국제펜클럽 한국본부 회원
내외일보 논설위원
서울역사문화 포럼이사
화백문학 편집위원
월간 아트앤씨 편집주간
서초문인협회 사무국장
밀레니엄문학회 부회장

시집_ 빈자리에 맴도는 그리움으로
하늘빛 사랑
오늘 같은 날에는
내 안의 기쁨으로

수상_ 서울문예상. 한국계관 시인상
한국자유시문학상. 탐미 문학상
독서신문 제정 한국현대시 문학상
공무원문예대전 환경부 장관상

주소_ 서초구 방배동 562-1 방배대우APT 1동 807호
전화_ 010 · 3777 · 7241

병상일기

눈만 뜨면 월요일이었다.
일상에서 쉬고 난 다음날은
출근을 서둘러야 하는 월요일이었기에
지루하게 밝은 병상의 아침도
여지없이 습관적인 월요일이었다.

하루 이틀 힘들게 세월이 가고
한 달 이어 두 달이 흘러갔어도
몸에 밴 월요일은 지워지지 않았다.
눈을 가린 세상은 차라리 편했지만
읽지 못한 세월이 엉뚱하게 흘렀다.

오늘은 출근하지 않았으니 일요일
내일은 휴일 끝에 밝으니 월요일
잠시 잠들었다 정신이 들어도 월요일
링거의 긴 시간 잠 깬 오후도 월요일
머리속엔 수시로 착각의 월요일이 밝아온다.

어쩌다 공휴일 뒤에 맞는 새날을
아직도 월요일로 착각하는 것은
삶에 충실하려는 의욕의 표출이리라.
아파도 일할 수 있는 의지가 있고
일할 터전에서 뜻을 펼칠 수 있는

나의
세월이
남아 있는
까닭이리라.

치악산 단풍처럼

떠날 차비를 해야 하는 것은
아직도
머물러야 할 날이 남아있는 까닭이다.
서릿발 같은 시간들이
섬뜩하게 머리를 자극해 와도
떠나야 할 날을 애써 외면해야 하는 것은
머물렀던 만큼의 이별이 아프기 때문이리다.
떠나야 할 날을 안다면
남아있는 이 순간이 얼마나 괴로우랴.
가야 할 곳을 안다면
오늘 이 자리가 또 얼마나 고단하랴.

떠날 준비를 해야 하는 것은
아직도
머물러야 할 곳이 남아있는 까닭이다.
야윈 하늘이 더 마르기 전
언제 떠나든
어디로 떠나든
밝은 모습 그대로 떠날 수 있는 것은
내게 주어진 마지막 행복이리라.
훌훌 떠나는 날에는
바람이라도 불었으면 좋겠다.
비라도 내렸으면 더 좋겠다.

시를 쓰고 싶은 날

아름다운 마음이 솟아나는 날에는
시시해도 좋은 시를 쓰고 싶다.
시 한 구절에도 사랑이 담기고
시시한 소재에도 느낌이 실리는
시시한 이야기라도 마음껏 쓰고 싶다.
시시한 사람의 시시한 이야기들이
그 무엇보다도 소중하게 느껴지는
시의 생명을 만나고 싶다.

순수한 감동으로 가슴 울리는
時時로 떠오르는 詩詩한 구절과
시시하게 버려진 하찮은 이야기
평화로운 마음으로 시를 쓰고 싶을 땐
그 모든 것들이 시적인 감동이다.
아름다운 사람이 보고 싶은 날에는
시시하게 써도 아름다운 시가 되는
생명이 있는 시를 쓰고 싶다.

과꽃

하늘이 청초해서 외롭던가요.
먼저 가신 님의 사랑
갈바람에 흩날려 잊혀질 무렵
하얀 꽃잎 붉게 붉게 물들어 갔지요.

가을 달 처량히 어둠 비칠 때
절벽의 꽃 따주려다 실족해 가신 님
그 사랑에 온통 핏빛으로 물들어
척박한 땅에서도 丹心만을 피우네요.

그 님의 사랑으로 홀로 이겨온 세월
그래서 가을 비단 '秋錦'이라 했던가요.
그래도 우리는 과수댁의 정절이 고와
그대를 과부의 꽃 '과꽃'이라 한다오.

해넘이 앞에서

능선을 타는 가벼운 발걸음이나
암벽을 기어 헐떡이는 숨결이나
정점을 향해 오르기는 마찬가지인 걸

누군들 계곡의 물소리가 싫을 것인가.
누군들 평온한 숲길을 마다 할 것인가.

숱하게 열린 길 중 하나를 택해
육수(肉水)를 쏟아 정상을 향해 솟아오를 뿐

흐트러졌으면 흐트러진 대로
땀방울 범벅되었으면 범벅된 대로
주어진 길에 삶의 발자국을 새겨 놓는다.

거북이 같은 날이나
토끼 같이 달아난 달이나
결국엔 주어진 삶을 헤치는 과정이거늘

선달 그믐 삼백예순다섯 계단의 고지에 올라
목울대까지 붉은 해넘이를 보아라.

모두가 도착해야 할 이 정점에 서면
땀내나 향기나 흙먼지나 티끌이나
어느 것 노을 속에 곱지 않은 것이 있는가.

허겁지겁 뛰어도
느릿느릿 걸어도
이곳은 하나 같이 도착해야 할 정점이려니

한 해를 마무르는 해넘이 앞에서
그대, 지난날을 탓하거나 후회하지 말라
다만 곱고 아름답게 추억할지라.

억새

월계관을 쓰고 싶어서
월계관을 쓰면 참 아름다울 것 같아서
어둠 속에서도 영롱한 달빛, 별빛만 모았네.

은으로 빚은 복건(幅巾)보다 허연
예쁘고 하얀 월계관을 쓰고 싶어서
땡볕 견디며 빗줄기에 터진 피부
그래도 월계관은 이루어야 할 꿈이었지.

그러던 어느
허연 서리 지상을 뒤덮던 날
찬바람 한 숨 대궁을 휘둘러
인고로 키운 꿈들이 날아가 버려.

하얀 갓 쓴 신선같이
하얗게 꾸미려 참아온 날들이
허- 허- 허- 허-

한 데 모아두는 것보다
멀리 날려 보내는 것이 아름다운 줄을
억새는 그제서야 알았네.

고운 것들은
멀리 날려보낼수록 아름답다는 것을
바람으로 하여 알았네.

산등성이 바람 맞는 언덕에
속절없는 억새의 꿈들이
하얗게 날린다.

지구, 그 꿈을 위하여

바람꽃 매화 백일홍 해바라기
잔대 해국 맥문동 동백
꽃들이 제 철에 피어나게 하소서

한대(寒帶)가 녹아 양극 깨지고
온대(溫帶)가 풀려 아열대로 둔갑하여
꽃들이 피는 때를 잃지 않게 하소서

침엽수 찬바람에 곧게 자라고
활엽수 열바람에 가지 넓히는
생명들 제 각기 뿌리내린 삶의 터전

눈 속에 복수초 노란 얼굴 내밀듯
사구(砂丘)의 선인장 백년 꽃을 피우듯
작은 땅덩이 그대로 지구이게 하소서

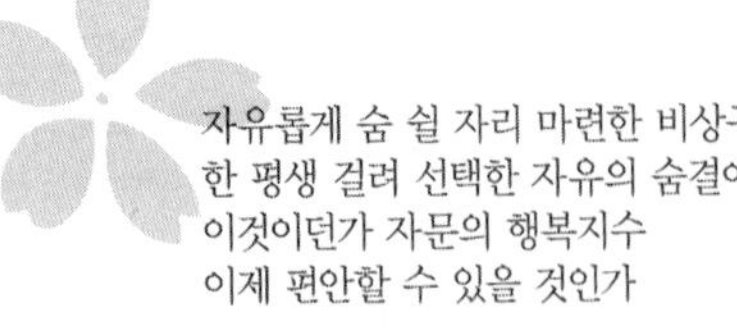

자유롭게 숨 쉴 자리 마련한 비상구
한 평생 걸려 선택한 자유의 숨결이
이것이던가 자문의 행복지수
이제 편안할 수 있을 것인가

*강영덕 Kang, Yeong Duk

한국문인협회 회원
강남문인협회 회원
강서문인협회 회원
세계시문학연구회 회원
KSGI문인회 회원

시집_ 공저 〈그대 눈빛 하나로 그리움은 꽃이 된다〉 외 다수

주소_ 서울시 강서구 화곡1동 381-18 대한아파트 1동 202호
전화_ 010 · 9970 · 8234
이메일_ Luxria@yahoo.co.kr

윤동주를 기리는 땅 집

경기도 양평군에 위치한
14m x 17m 되는 6평 남짓 땅집 하나
사상을 넘어 우주를 품고
하늘과 세상 이야기를 하고자
한톨의 사리 사욕도 채우지 않은 채
교신의 통로를 열었다

땅집……
위에서 보면 땅 밑에 있는 하나의 공간
땅속에서 보면 위에 땅이 또 있을 뿐
하늘과 바람과 별과 시를 노래한
윤동주님을 가까이 기릴 수 있도록
자연과 집을 하늘과 흙으로 빚어서 생명을 주었네

한 생의 뒤안길을 마지막 인사하듯
온몸으로 발자취 뒹구며 여운을 남긴 낙엽에게도
한 생의 아픔을 잊으려 휩쓸어가려는
비 한자락의 초연함에도
세상의 탐.진.치에 버거워 떨어질 것 같은 별들에게도
작은 두 손 마음 받쳐
욕심비운 별 하나 하늘위로 띄워본다

김유정을 기리며

고요한 산야
순박한 농촌의 궁핍한 살림살이
풍자와 해학의 어휘로
서민들의 속살을 시원스레 들추어주었던
봄봄, 소낙비, 동백꽃……

인터넷 모르면 20대 아닌 세상에서
웃음과 너스레가
이웃의 담들을 해학으로 넘나들며
아슬아슬 곡예롭게 활시위 당기듯
한숨섞인 어미의 숨결 속에도
배시시 소박한 미소로
인생사 짙은 서민의 시름을
햇빛 속에 숨쉬게 만든다

행복짓기

살아 있는 올실과 날실로
하루하루 삶의 지평선 열어
최고의 권력에 말 많았던 세월의 권좌

개미보다 더 부지런히 새벽부터 하루를 열어
세계를 무대로 공존과 경제발전과 화합을 추구한
5년 세월 사명지수 늘 저울대에 올려지고
서민들 생계형 신용불량은 날개 달려 계속 늘어만 가고
무너진 중산층 전문직 없는 중년 아줌마도 일터로 내 몰리고
이런 저런 명분의 상류층 족속
명품지갑 두둑이 지폐로 가득 채울 생각 뿐

말년의 황혼 덧없이 목숨으로 값을 치룬다
새가 되어 날아간 부엉이바위 밑에서
자유롭게 숨 쉴 자리 마련한 비상구
한 평생 걸려 선택한 자유의 숨결이
이것이던가 자문의 행복지수
이제 편안할 수 있을 것인가

터미널 비둘기 5

영업실적의 양양으로 온 몸에
콩볶듯 달구어 낸 하루의 피로
저-먼 미국, 영국, 프랑스…… 객지에서
성공이라는 미래를 설계하는
자식들 뒷바라지하는 희망의 미소로
술기운이 채 가시지 않은
김부장님의 양복과 구두는
비틀거리는 발걸음으로
오늘도 터벅터벅 모이찾아
출근을 재촉하며 하루를 연다

터미널 비둘기 6

뱁새 황새 가릴거 없이
뱃속부터 귀소본능적 미식인
식탁위의 하모니

만원을 훌쩍 넘긴 한포기 배추값
고공 행진 가격 파동은
찬란히 서민들의 분노를
목숨으로 우르적시게 하는구나

한줄기 물기조차 없는 메말라진 화초로
수액을 빨아 당길 힘조차 버거운 몸짓도
가쁜 숨을 몰아쉬는 바닥난 통장의 고개짓에
샐러리맨 비둘기는 하늘로 올라가는 물가
떨어지기 기다리다 초췌히 말라가고 있다

새로이 일어나자

때가 되었는가

치마 자락 속 까지 숨은 얘기에 귀 기울이며
썰렁히 남겨진 단풍 한잎도 일으켜 세우고
고왔던 제 빛깔 퇴색치 않게 힘 모아
용기있게 일어난 필요에게
계산되지 않는 화해로 시원스레 손잡고

한줄 시어조차 물기 없는 화초처럼
생계의 바다에서 항해하는 숨소리
새벽을 가르며 열심히 사는 초롱의 의지를
혈세의 구멍이 선비라는 주머니로
수혈되지 않기를 바랄 뿐

그저 스쳐 지나가는 염원으로
온동네를 휘몰이로 앓이 만드는
주기적인 바람소리에 하나 얹은
습관이 아니기를 바랄 뿐이다

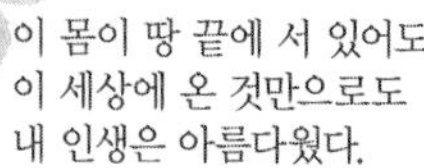

이 몸이 땅 끝에 서 있어도
이 세상에 온 것만으로도
내 인생은 아름다웠다.

*유재원 Yu, Jae Won

한국문인협회 회원
국제펜클럽 한국지부 회원
제13회 충청문학상 수상
시집_ 별 외 7권

주소_ 서울 은평구 갈현2동 494-20
전화_ 011 · 289 · 0989
이메일_ uj0989@hanmail.net

허수아비

저 넓은 마음의 들
바람 젖은 허수아비
무엇으로 그곳에 서있는가

날개의 나라 푸른 하늘
솔개 높이 날고
때론 까마귀 쉬어가지만

참새는 물결인 듯
낮은 곳으로 흐르다
떼지은 영혼으로 잠든다

하늘 아래 솔개는 권력인가
이 땅 까마귀가 금력인가
서있는 허수아비 두려움 없다

법이 그랬다
법은 허수아비 되어
참새로 나는 서민만을 잡는다

나는 왜 솔개 되지 못하고
나는 왜 까마귀 되지 못했을까
허수아비 조롱하고 싶은데

아픈 메아리 사는 들
허수아비 향한 나의 그리움
언제까지 지속 되려나

참새의 높은 꿈
보이지 않는 그물로 엮어
허물어진 성벽 속으로 연행한다

구름이 몰려오면
지상은 바람이 불고 또 불어
파도는 높아만 가고

아우성치며 내리는 비처럼
내 영혼 마지막 인연과 싸우다
땅에 묻혀 미움을 남기지만

오늘도 허수아비는 참새를 내치고
솔개는 허수아비 영토를 돌며
방향 없는 참새 사냥을 한다

허공엔 수없이
갈래갈래 찢어진 참새의 마음
사랑의 상처 키우고

노을이 쏟아진 붉은 세상
허수아비 발치에
나의 젊은 청춘이 엎드려 운다

물 위에 젖은 마음
바닷가 조개처럼 숨어 울어
사랑은 아름다울 수만 없다

한쪽으로 기울임 없이
천칭을 들고 모두가 평등하다는
이룰 수 없는 이야기

자유는 피 보며 산다는
아름다운 거짓말
참새는 추락할 하늘을 떠가고

단풍처럼 속까지 붉은
피리소리의 피울음
이 하늘 마지막 설음이기를

그대 마음 훔치려다
이 마음 두고 올 세상
진정 헛된 꿈의 여행일까

하늘엔 뭉게구름
솜이불로 덮을 수 없지만
우리는 구름을 사랑했다

동산에 솟은 무지개
언제 작은 날개 쉼터 될 수 있을까
앉을 곳 몰라 서글픈 마음이여

어둠을 떠나보낸 새벽
찬물로 얼굴 씻은 듯
맑은 인연으로 다가올 수 있을지

그래도 참새는
따뜻한 가슴에 정을 품고 있다가
둥지에 미지의 알을 깐다

부족한 자질이 국민을 무시하고
사랑을 잃은 가슴이
자꾸만 서민을 억압하는

허수아비 빈 이름 속으로
떨어질 때까지 여린 꽃잎
찬 손에 쓸쓸히 이끌리지만

속살까지 시린 가슴
빛보다 그림자를 살필 줄 아는
너도 우리이기를

낮은 곳에 몰려 물로 흐를
잠시 정겨운 참새의 꿈
한가하게 바라볼 수는 없는지

그리운 가슴 도려내고
그대가 잡은 실줄에 매달려
연처럼 허공을 떠돌다

떨어진 낟알을 살필 때
국화꽃 향기 사라져
나는 슬퍼 눈물 흘리고

검은 구름에서 새어나와
수없이 빙빙 돌다 하얗게 내리는 눈
똑같이 하얀 마음이었으면

강물 흐름 위에 흐느적
불빛은 붉은 꽃을 드리우고
나는 가슴을 다소곳 적신다

법은 허수아비
정쟁의 틈 사이로 눈길 보내다
결국 불쌍한 쪽에 칼을 휘둘러

구름이 떠난 하늘엔
아무것도 남은 게 없지만
우리는 침묵으로 분노했다

겨울바람이 차갑게 흔들고 떠나
이미 사랑을 잃은 가슴
무엇을 얻어야 고통을 잊을까

사욕을 자른 하늘
뚫린 가슴으로 높이 오른 방패연
모두는 우러러 보았다

법은 허수아비였다
솔개 까마귀 갖고 놀다 버린
법은 펄럭이는 낡은 옷깃이었다

진달래 흐드러진 산하
빛이 타는 목마름으로 조여와
하염없이 소멸 된 꽃잎들

이 몸이 허수아비에 매어졌으니
그리운 사랑 슬픈 이별
그대의 뜻에 죽어 드리리라

철새 떠난 허수아비 영토
깃 남루한 봉황이
파멸의 고기를 찾아 날고

슬픈 일이지만
다시 일어선 솔개 까마귀
썩은 고기 안고 나직이 엎드렸다

언제나 허기진 가슴
또 얼마나 많은 아픔을 견디어야
그대 삶을 바꿀 수 있는지

가을 낙엽 세상에는
야윈 웃음이 외롭게 뒹굴고
작은 바람에도 바르르 떠는 몸살

스스로 잠 못 이루는 밤
욕심에 이끌려 추억마저 버린 밤
참새는 품은 정을 깨뜨린다

걷다가 다시 넘어질까
종종걸음으로 빙판길을 가듯
무서움을 피한 어설픈 마음

다시 찾을 수 없는
서늘한 세상을 미끄러져간
언제 돌아올 줄 모를 미소

물항아리 속에 달이 뜨고
그 속에는 또 다른 얼굴
한동안 잊고 있던 내 얼굴일까

밤마다 밤하늘에는
헤아리다 잊을 수많은 별
그 별 많큼 속상한 일이 산다

난치병을 안고 겨울강 건너간
일광욕처럼 검게 그을린 상처
이 몸이 그렇게 시들어 갔지만

하얀 가루 뿌려 지울 수 없는
늙어도 버릴 수 없는 영욕은
살아 있는 뼈저린 후회

이 몸이 땅 끝에 서 있어도
이 세상에 온 것만으로도
내 인생은 아름다웠다.

별100

이 몸이 구름이고 바람이어
세상 곳곳을 떠돌아도
낮은 빗물로 흐른 사랑은
늘 그대 안에 있습니다

아무 준비 없이 태어나
죽어 별이 된다는 고통은
나에게는 커다란 꿈이었으며
살아있다는 즐거움이었습니다

세상에서 가장 아름다운 꽃도
하늘의 별이 될 수 없는데
멀리 있어 작은 별이면
또 외로운 별이면 어떻습니까

벚꽃 없는 윤중로
풀잎에 아쉬움 물어 본다
까망 차량들 내가 있노라

*이은유 Lee, Eun Yu

월간 문예사조 등단
한국문인협회 회원
구리문인협회 이사
밀레니엄문학회 회원
한국문학예술회 회원

수상_ 다산문화제 수상
경기문학상 수상

주소_ 경기도 구리시 수택동 479-23 한양빌라 4-301호
전화_ 011 · 230 · 6254
이메일_ eungpop@hanmail.net

선운사의 봄

산 깊이 골 깊숙히
들어 앉아 있다지만

겹겹이 둘러싸고
가로 막고 있다지만

올해도 선운사 동백
가지 마다 불 달았네.

청보리 밭

심징이 뚝……
청보리 밭 공화국에 감금
오랜 세월 곡기 끊긴 내장에
자잘한 보리 알곡
가시로 뚫고 가슴을 난도질
긴 호흡 마시고
비단실로 봉합한다

보리 물결
도미노 게임에 중독 되어 있고
녹색 튜브에 봄 바람
언덕 배기로 출렁인다
청보리 밭 단지 고창에서
위풍당당 혼을 뽑아간다

사진 작가 셧터 소리
보리 끝은 날카로워지고
발밑에 엎드린 보리
통증에 신음하며
빈 머릿 속 달콤함에 응고된다

돌아온 웃음

악연도 인연 이라면
인연이란 무엇인가

흔히들 말하는
전생의 업보인가

날 떼어
건네준 단 웃음
쓴웃음 되어 돌아왔네.

삼 겹 살

기름진 백사장
몇개의 발자욱

뜨거운 정열에
스물스물 야윈 조각들

윤기난 눈물
화난 숯불이 훔치고

갈색 잎사귀 구멍 뚫려
또 슬픔에 눈물 한 방울

초록 침대에 누워
허기를 달랜다.

수양 버들

늘어진 허리
바람에 휘청
한껏 폼 내는 여인네
시간 쫓겨 동동 걸음
엷은 치마 동여메고
님 발자욱
행여 놓칠새라
밥 짓는 소리 숨 죽이네

봄 나물 찌개
가슴에서 끓어 오르고
절름발이
가슴으로 품은 봄
아지랭이 한 줄기 목젖에 걸려 있네
사각 시간 틀 모난 생각
동그라미 맴도는 주위
한 번 더 껴안고

벚꽃 없는 윤중로
풀잎에 아쉬움 물어 본다
까망 차량들 내가 있노라
명암 내밀며 줄행랑
나무 평상 위
저녁 놀
내일을 준비 하려
주섬주섬 담는다.

만리포 비닷가에서

기슴이 아리다
가슴이 슬프다
가슴이 무너진다
설움이 오열 한다

이른 이침
층층이 모래 사장
바다 내음과 풋풋한 바람
포승줄에 온 몸 경직 되고
그냥
눈물 기둥이 뺨 위에 세워 진다

만리포 바다가
내 혼을 빼앗아
움직일 수 없다
겨울 바다에 심취해
행복으로 감전 된다
미칠 것 같다
바다 속 으로 가고파서……

사랑합니다
내 생의 끝자락까지 동행해 줄
당신이 내 안에 있어
이 세상 그 누구도 부럽지 않습니다

*이은자 Lee, Eun Ja

밀레니엄문학회 회원(현)
한국문인협회 회원(현)

수상_ 한울문학 시부문 신인문학상 수상
대한문학세계 시부문 추천시인 문학상 수상
2006년 한전400호 특집 시부문 동상 수상
향토문학상 수상

저서_ 한울문학 동인사화집 –[하늘빛 풍경] 공저
시동인연합 사화집 "봄 그리고 가을" 공저 外
월간 문예사조, 문예사랑 등 다수 공저

주소_ 대전 대덕구 중리동 166-9
전화_ 042 · 624 · 0833 / 010 · 3172 · 0855
이메일_ ja3935@hanmail.net

굽은 인생

꼬이고 굽이진
내 인생 경로
대로에 펼쳐 놓고
한번도 벗 한적 없는 행객
다급히 불러 내 행보 묻자하니

그자
알 길 만무 하건만
파란 하늘을 지척으로 짚어 주고
발 뼘 수를 헤아려
내 명줄까지 읽어 낸다

도리질 하는 내 모습을
바라보던 그자
끌끌 혀끝으로
내 발등에 독침 꽂고
주독에 찌든 어혈을 훑어 낸다

이제 그만
뒤돌아 볼 시간 넉넉하거든
곱자의 끝
돌려 감아 보라고

매 듭

처음에는 그랬었다
나에게 끝은
헤일 수 없을 만큼
아주 긴 여정일 거라고

내 의식을 동강 낼
끝단이 두려워
의식적으로
늘 감추며 살지는 않았었는지
집착의 꼬리를
시작점에 잇대 놓고
사랑이라 고집하진 않았었는지

그 대답은
고스란히 거울 속에 담겨 있었다
낯선 여자의 끄덕임
부정도 긍정도 아닌
슬픈 미소

이제
남은 시간은
매듭을 풀어
시작점을 다시 찾는 일
아무렴
온길 보다 멀라구?

My Life

큰 아픔 없이
살아온 내 인생에
나란히 평행선을 그어 준 당신

때론 엇박자 장단에
막춤 출 때도 있었으나
그래도 그대 곁이어서 행복했던 시간들
내 이름 석자 앞에 대명사처럼 붙은 누구누구의 누구
길 흉몽 같은 인생사
그대 방패 안에서 안유했던 시간들이었기에
내 삶이 윤택했습니다
당신이 내 진정한 동무였기에
외롭지 않았으며 두렵지 않았습니다

사랑합니다
내 생의 끝자락까지 동행해 줄
당신이 내 안에 있어
이 세상 그 누구도 부럽지 않습니다
석양을 등지고
여명만을 동경했던
파랗던 젊음은 이제 점점 시들어가지만
그래도 그대와 함께 꿈꿨던
내일이
아직 창창 하기에
오늘도 그 밑그림의 한 부분을 열심히 색칠합니다
서녘을 온통 물들일
석양의 황홀함처럼……

반 추

고단한 삶을
환상 속 망상 속에 던져두고
그것도 유희랍시고
빙어를 낚아 올리듯
줄줄이 꿰어 읊다 보면
울었다 웃었다를 반복

허접한 쓰레기 더미 속에서
파랗게 웃고 있는 유년의 초상이
마주 바라보며 조소할 때
늙다리 안경테는
그저 더 이상 미끄러질 수도 없는
코끝에 매달려 안간힘이다

지팡이의 키가
낡은 구두코에 얹힐 때
그때는
갈지자로 걸어 온 지난날의 발자국도
더러는 남몰래 지워야 한다는 것을
끄덕끄덕 깨닫는다

피 토하듯 고꾸라지는 석양을
말없이 받아 안은 호수는
아직도 날 포기 못한 그대의 뜨거운 사랑
아니면
아직 눈물자리 걷지 못한
내 어미의 품속이던가

내게 시란

불로 사는 한 남자가 있다
살기 위해
쉼 없는 담금질을 감뢰해 내야 하는 한 여자
그 여자의 사랑은
그렇게 한편의 시처럼 시작 되었다

가시처럼 박힌
그 남자의 존재를
더 깊이 끌어안으면 안을수록
죽음보다 더한 고통일 거란 거 잘 알면서
희열처럼 즐기는 바보 같은 여자

싸늘하게 식어버린 불씨의 티끌처럼
어느 이룰 수 없었던 사랑의 말로
그들 원귀의 설음마냥
소속 없는 사랑에 목을 맬 때가
어찌 오늘 하루뿐이었겠나
그런 날에는 차라리
맞불이라도 질러 버리고 싶은 충동에
각시방에 불을 당겨오는 가련한 여인

끝내는
허상의 잔재 후후 불어 내고
달아 오른 불씨 한 톨
다시 감싸 안고 싶어 안달한다
화형당하는 한 마리 불나방처럼

不見疾 하고 合見藥 하여라

눈(眼)은
내 사람
질리도록 쫓고
마음은
내 사랑
맘껏 졸이고 그리워하고 있단다

마음으로 그린 그림은
같은 눈높이로 걸릴 때 아름답고
핏발 서도록 까시러운 안압(眼壓)은
사랑하는 이
그 안에 넣어야 평정되느니

쇠털같이 많은 날
공존에 공존을 더하여도
온전한 오늘을
함께 공유 할 수 없음이
그저 애달플 뿐

눈을 감아야 더 또렷해지는
하나의 영상이
오늘도 그 자리에
밤새 날 세워 둔다

모래시계

우리의 천년을
헤아려 채울
모래시계는
숨겨진 내 공간 안에서
비밀리
그 의식이 치뤄졌다

별 하나 나 하나
별 둘 나 둘
나 하나 별 하나
나 둘 별 둘
거꾸로 헤이고 뒤 엎어 보아도
천년의 시작점은
12지상을 감고 돌 뿐
그 끝이 보이지 않았다

그의 과거가
나의 미래가 되고
나의 과거가
오소소
그대 안에 채워질 때
그땐
또 하나의 별도 함께 지는 날

겨울날의 애상

환청에 잠을 깨
창밖을 보았지
그대가 왔다 간길
함박눈이
말끔히 지우고 있더군

밤새 나를 깨우던
사랑의 속삭임은
눈꽃처럼 차갑게 피어나
내 맘 동동 얼리고
굳게 닫힌 북창에
주렁이 매달린 그대의 끝말들
눈 무덤에 곱게 묻으려니
너무 그립고 보고파
난 내 안을
다시 곱게 빗질하기로 했다

그대가 날 부르면
냉큼 달려 나가
그대의 발자국에
업혀 올 수 있도록

선홍빛 그리움 담아
새겨둔 작은 꽃잎

고운님 오시면
내 마음 아시리

* 손문주 Son, Mun Ju

경남 산청 출생
대전가톨릭문학회 회원
밀레니엄문학회 회원
한국문인협회 회원

서서_ 공저 [침묵속의 메아리]외 다수

수상_ 한울문학 시부문 신인상 수상
대한문학세계 추천 시인상 수상

주소_ 대전시 유성구 관택동 테크노밸리 APT 611-1001호
전화_ 016 · 689 · 4367
이메일_ sonmoonju@hammail.net

고운님 오시면

노오란 웃음
감추인 울음인듯

선홍빛 그리움 담아
새겨둔 작은 꽃잎

고운님 오시면
내 마음 아시리

부서지고 낮추인
네 마음 아시리

머언 먼 하늘빛
고운님 오시면

꼬마야

넌
언제나
귀여운 아기

훌쩍
커버린 키에도
한결같이 어여쁜 아이

볼 부비며
행복을 선물하는
늘 사랑스러운 꼬마야

화이트 데이

붉은 양초는
깜박이는 심지를 켜고
마지막 남은 생을
열정으로 태우고 있다

여류시인들은 어제 내린
춘설을 이야기하고
조용히 흐르는 음악은
내 마음의 고요를 함께 걷는다

화이트 데이
사탕물 입은 달콤한 마음밭
맑은 그리움 향기 담아
사랑우표 붙여 침묵으로 부친다

너뱅이 등대

넘실거리는 파도
도도한 물결을 가르며
무겁게 내려앉은 방파제

오는 듯 가는 듯
침묵으로 반기고 보내는
너뱅이 등대의 고고함

눈꽃 화알짝 핀
춘장대 솔숲향 함께
바닷바람에 실어 보내는데

새해 첫 날의 시간이
해오름을 따라 흐르다가
홍원항 땅끝 산자락에 걸리었다

작은꽃

연약한 대궁에
님 그리움 감추어
살포시 피었지

고운 웃음 거두어
분홍빛 수줍은 나래

침묵으로 가만히
이슥고요한 밤
님 맞으러 나왔구나
이슬젖은 영혼이 되어

내 사랑아

차마 잡을 수 없어
먼 눈빛으로 보내었던 당신
계절 따라 다시 돌아온
아름다운 내 사랑아
이젠 떠나지 말라고
꼭 말하고 싶지만
차마 그 말만은 않겠어요

그대를 기다림은
타고난 숙명인 것을 알기에
바람처럼 잠시 다녀가는
가벼운 인사에도
오랜 동안 남아지는 설레임
분홍빛 약속의 그 날
언제까지나 잊으시면 안 되어요

먼 하늘 아래
잠들어 있을 그대 생각에
얼굴을 내밀고 달빛만 바라보네.

*장운자 Jang, Un Ja

서울 거주
대한문학세계 신인상 수상
좋은글좋은나눔 회원
미용실 운영

주소_ 서울시 구로구 구로5동 526-19호
전화_ 010 · 2372 · 5904

그러겠지

여름내 더위 속에서
산고를 겪더니
나무마다 가지엔 열매가 맺어
가을 햇살에 익어간다

태풍을 몰고 왔던 바다
땅을 흔들었던 천둥 번개
한 계절이 바뀌는 일에도
역경과 고난을 겪어야 하나보다

얼마나 인내하셨을까
저 평온한 들녘을 지켜 주려고
얼마나 인내하셨을까
저 울창한 숲을 지켜 주려고

주님은 들으셨겠지
농민들의 기도를
주님은 들으셨겠지
약한 자들의 기도를

아!
그래서 또 가을은 주님 은혜로
우리 곁에 풍년으로 다가오겠지.

목 련

매서운
한파에서 그리 울더니
부러질 듯
휘청거리며 어지럽더니
누가 가지마다 꽃망울 달았을까

숨 고르며
서성이는 달빛 창가에
볼록한 꽃망울 곧추세우고
난숙(爛熟)한 가슴으로 피어나는 꽃

먼 하늘 아래
잠들어 있을 그대 생각에
얼굴을 내밀고 달빛만 바라보네.

사랑하고싶어요

조롱조롱 맺힌 빗물
대지의 생명수이듯

한 대접 넘치는
사랑 수 되어

당신의 마른 가슴
촉촉이 적시며

뜨거운 열정에
흠뻑 젖고 싶어요.

그 이름

두 눈을 감고 당신께 참회하는 마음
가슴을 도려내고픈 아픔만 떠오릅니다
네 부모를 공경하라는 어명보다
더 높은 천명인 것을 알고 난 뒤엔
당신은 이미 내 곁을 떠난 지 오래되어
더욱 눈물만 흘리게 합니다

문풍지 울어대던 겨울밤
잠결에 차버린 이불 끌어다 덮어주며
포근히 안아주시던
그 따스한 품이 몹시 그리운 이 밤
꿈속에서라도 보고 싶은 어머니
그 이름 앞엔 언제나 그리움만 가득합니다.

그리움

오늘처럼
비가 내리는 날엔
안부를 묻던
그녀의 목소리가 듣고 싶다
추억을 더듬으며
자지러지는 웃음 함께 하며
서로에게
푸른 꿈을
안겨주었던
친구를 만날 수 없는 이 순간
이렇게
가슴 저리도록
그리울 줄이야.

나는

모든 사람이 외면하는
나그네 삶이라 할지라도
홀로 슬퍼하지 않은 것은
주님께서 축복하신 구원의
선물을 받았기 때문입니다.

외면하고 싶은
삶의 굴곡 앞에서
자신의 삶을 포기하지 않음은
주님의 말씀으로 위로하심이
있기 때문입니다.

시련과 눈물의 삶이
엄습해 올 때마다
눈물 뿌려 기도하는 것은
주님께서 주시는 많은
소망이 있기 때문입니다.

그러므로 나는 기도합니다
그러므로 나는 찬양합니다
그러므로 나는 예배를 드리며
나를 구원하신 주님의 크신
사랑에 깊은 감사를 드릴 수밖에 없습니다.

촘촘하여 이젠 삐걱거리지도 않는
도망갈 수도 없는
아픔도 모르는 그런
우리 관계.

*박공수 Park, Gong Su

완도 출생
한국방송통신대 국문과 졸업예정
한국문협 회원
밀레니엄문학회 회원
천수문학회 회원
글길문학회 회원

저서_ [詩集] 대륙의 손잡이
공저_ 바람에게 길 하나 外 다수

주소_ 경기도 안양시 만안구 안양6동 511-13
신양빌라 301호
전화_ 011 · 783 · 3979

못

결 곱고 인내심 강한
당신을 향해 나
못을 박는다 쾅쾅
제 몸에 박힌 티눈 하나
견디지 못하는 못된 못이
당신의 가슴에 또
긴 대못을 박는다
그대 성정 좀 퍼석 했더라면
품에 주저앉았을 못
못질할 생각도 없었을 못
섬세하고 조밀한
당신의 탄성에
못은 더욱
못 같은 못이 되고
박아 놓고 냉정한 척 고개 돌리지만
당신을 관통한 못끝에
나 또한 박히고야 만다
박고 박히는 이력 때문인가
촘촘하여 이젠 삐걱거리지도 않는
도망갈 수도 없는
아픔도 모르는 그런
우리 관계.

나그네

내 앞을 가로질러 지나가는
구름 같은 나그네, 거기 잠깐만!
그대는 동그랗고 도톰한 얼굴에
진보라색 뿔테 안경을 썼구나
반듯하게 넘긴 앞머리가
외로움일랑 뒤로 깔끔이 묶었겠다
나그네 길 우리 지금 서로 교차는 하지만
차원이 달라 손뼉맞장구 칠 수가 없다
어디 뒷걸음 좀 치지 않을래?
이 곳 저만치 행길의 저차원 세계면 어떤가
나는 분명 시에 대해 말할 기회를 가질 테고
너는 고독, 혹은 다이어트에 대해 얘기하며
외로운 길도 웃으며 걸을지 모른다.
지금 하얀 국화 송이송이 놓인 꽃대(臺) 위에
향촉(香燭)은 갈 길 어서 가자 분사중이고
미간에 주름 모은 메마른 내 눈앞
불혹도 안된 네 눈망울은 깊은 별빛
길어 올릴 詩 아직도 그득한데
늦게 출발하고서도 먼저 치루는 통과제의.
확실한 선배인 너에게
내 어쩔 수 없이 고개 숙인다만
어디 뒷걸음 좀 칠 수 없니?

유람선

땅엣것에 매인 나를 풀고
하늘 연한 바다로 유람을 간다
항해란 풍랑 없이는 고독할 터
파도는 쉴새없이 덤벼들고
우리의 깃발은 어떤 파도든 넘고 만다
갈매기들 신이 나서 물꽃 넘어 따라 오고

훌라후프 돌리는 유람선 무대의
조마마한 중국 여인
연분홍 전신스타킹이 그녀의
어덕진 주름을 그대로 가르고
설국에서 왔을법한
파란 눈에 하얀 살결의 쇼단
접안할 때까지 선객들과
끝없는 메들리로 온 몸이 파도가 된다

유람할 게 안팎으로 널린 이 배.
만선의 축제 같이 부산한 이 배.
훌라후프 여인은 휘파람을 벌고
설국의 그네들은 박수를 챙기고
웨이트리스 흑진주, 윙크를 벌어 챙길 때
바닷새들도 덩달아 환호를 벌어 먹는다

하선한 나는 땅엣것에 좌초되고
어떤 풍요에도 됩들이한 기억 없지만
뒤돌아보니 그 배의 풍경
정박해 있어도 늘 항해 중이었던가
한반도처럼
대륙을 단단히 잡고 있었다

토론

토론을 보다 채널을 돌렸다
거기 문제의 한 검객이 주제인 양
1 : 6
협객들에 둘러싸여 있다
각 문파의 번득이는 창칼 끝 설전이
유성우처럼 내리고 주제는 더 융기한다

그들 검법을 다 꿰뚫었을까
만만찮은 내공, 잘도 피하는
언제나 한 수 위인 주제.
팔방에서 던지는 날쎈 오라도
거미줄처럼 해어지고
청기와 지붕 위로 유유히 사라진다

제 검법이 최고인 줄 알았던 협객들의
주제스럽게 된 화살표가
아무 것도 못 본 듯 흘러가는
초승달 밑
과녁 잃고 어딘가에
떨 어 진 다

성불사

불야성 우리 동네 허름한 빌딩 2층에
요산요수 다 놔두고 세를 든 조그만 절
연등도 풍경도 없이 성불 성불사라네

깊은 밤 적막강산 풍경소리 그리울 텐데
중생구제 붓다처럼 그리 하산 하셨는가
주승은 어딜 가시고 핸드폰 번호만 지켜 있네

노래방 무도장에 센드위치 되었어도
네온 속 빨간 卍자 상하좌우 고면 않고
먼 산에 하늘만 보니 것 또한 성불이런가

구부정한 소나무

하늘에 공손하고
땅에 감사하여 구부정합니다.
강물이 가야할 길처럼 구부정합니다.
스승의 분부 받잡는 제자처럼 구부정합니다.
무거운 짐 지고 구불구불
먼 길 오가시던 내 아버지의 등줄기처럼,
내일 죽더라도 오늘 파지를 줍는
허리 휘어진 노인네처럼,
언덕을 지키는 소나무. 구부정합니다.
구부정한 것을 보면 왠지 눈시울이 뜨겁습니다.
세상의 구부정한 것들
특별히 끌어안고 울고 싶습니다.
구불구불한 역사, 구부정한 이 땅.
이 땅을 닮은 구부정한 소나무.
애틋한 정이 가는 건 어쩔 수 없습니다.
살다보니 나도 구부정해졌습니다.
울컥, 끌어안고 울어 봅니다. 하지만
옹이 지고 골이 패어도
눈보라치는 광야에서 홀로 흔들어대는 짙푸른 깃발.
그걸 보며 참습니다.

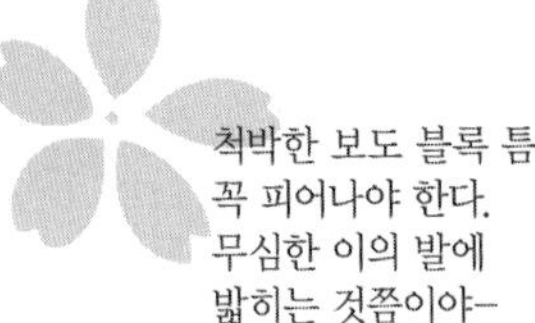

척박한 보도 블록 틈에서도
꼭 피어나야 한다.
무심한 이의 발에
밟히는 것쯤이야-

*류순자 Ryu, Sun Ja

서울문학 신인상 등단
서울문학작가회 편집이사
한국문인협회 회원
밀레니엄문학회 총무
천수문학회 총무
화백문학회 편집의원
방송대학교 국문학과 졸업
동서울대학 테크노경영학부 부동산학과 졸업
시집_「그대의 향기를 찾아내고」

주소_ 서울시 송파구 마천1동 376-32 늘푸른마을 502호
전화_ 02 · 403 · 9683 / 011 · 9779 · 2079
이메일_ grasia-ryu@hanmail.net

여름

훈기 안은 비를 따라
여름은 오네

살랑살랑 비벼대는
나뭇잎 사이로

산 위에 뭉글뭉글
느림보 구름을 뒤로하고

여름이 오네
여름이 달려 오네

화살 같은 빛살을 타고
잰걸음으로 오는 여름

훈훈한 바람결 따라
여름이 오네

빗소리

보이지 않는 잔잔한 소리비
이리저리 동화의 나라로
밤비 벗 삼아 노니는 밤

엄마 생각
하늘에 계신 아버지 생각
등불 앞에 무릎을 꿇는다.

보이지 않는
소리로만 내리는 비
어머니 음성으로 쫑긋 솟는 귀

싸움

사념에도 방해받지 않는 새벽
촛불을 켜고
고요히 명상에 잠겼다.

한참을 지나 자세를 바꿀 때
아이쿠 촛불과 머리카락이
한판 붙었다.

무슨 억하심정으로
심판도 없는 힘겨루기를 벌였는지
고요와 명상이 난장판이다.

지지직 지직 누리끼리한 냄새
패배를 인정하는 비명이리라.
승리에 젖은 촛불의 향연

불 깃발을 흔들며
승리감에 도취한 꽃불 사이로
조심스레 창밖엔 여명이 솟는다.

꽃

척박한 보도 블록 틈에서도
꼭 피어나야 한다.
무심한 이의 발에
밟히는 것쯤이야–

밤마다 키를 재며 피어나는 꿈
태양빛 보다
시샘 바람 흔드는 길목에서
내 작은 일 기뻐하시던
아버지 만날 수 있는 곳

험한 곳
그늘진 곳이라도
순수하고 아름답게
고운 꿈으로 피어나야 한다.

거울

껌뻑껌뻑
바라보는 눈빛
그대 미소에 끌려

이마를 마주 대어보는
순간의 전율
그대 체온이 가슴으로 파고든다.

코를 비벼 내리고
눈을 열어 살며시
미소 짓는 얼굴

주름진 눈가 손가락으로
쓸어 담은 사랑 흔적마다
사랑과 감사가 넘쳐난다.

전도 이야기

한 하늘이지만
두 나무 방향이 달라

하나가 동이면 하나가 서
하나가 남이면 하나는 북

각기 다른 시선에
자석의 극이 된다.

서로가 제 자리로
끌어들이려는 긴장감

포용과 허용보다는
흡인력으로 작용하는

시누와 올케
그 속에 시간이 길게 누웠다.

꽃 피고 나비 날아
바람도 허리끈 풀고
한 자락 낭송 하더라.

*김성자 Kim, Sung Ja

함경남도 원산 출생
충청북도 괴산 생장
(前) 삼영상사 대표
다솜회 회장
밀레니엄문학회 회원
문예사조 문인 회원
문예사랑 신춘문예 최우수상 등단
문예사조 시부문 등단
저서_ 공저「봄 그리고 가을」

주소_ 서울시 서대문구 북가좌2동 가재울
아이파크아파트 101동 1201호
전화_ 019 · 439 · 0590
이메일_ ksjksj0622@hanmail.net

계영배(戒盈杯)*

열정(熱情), 그 이름으로
채찍질하고
야망(野望),
질그릇에 가득 채운
넘칠까
가슴 타던
젊은 날의 욕망(欲望)

그대
차가운 눈
흐릿한 내 동공에
입맞춤 할 때
채색된 일상
삼할의 비움에
옷깃 여민다.

*계영배 : 가득참을 경계하는 잔 (7할 이상을 채우면 밑에 뚫린 구멍으로 새어나가도록 만들어졌음)

난

빼어난
줄기 속에
옥비녀 사뿐히 꽂혀있다

살포시 다문 입에
우주가 숨어 있어
님 그려 터질 듯

배시시
네가 웃는 그날

태초의 비밀이
향으로 피어나리

덤

산을 닮은 촌로(村老)가
칡뿌리 손으로
산나물 푸는 손이
눈부시다

한 무더기 또 한 무더기
그 위로 산새가 놀다 가고
내뿜는 향기는
숲 속의 교향악

다정한 정이 오가더니
촌로의 얼굴에 산목련이 피고
검은 보자기엔
한 웅큼의 커다란 향이
덤으로 피어난다

주고받는 미소 속에
햇살이 춤을 추고
고맙다는 인사말에
거친 손은 청산을 가리킨다.

백련지

푸른 잎 출렁이는 바다
긴 밤 지새우고
여몄던 가슴에
진주알 댕그르
햇빛에 여문다

태고적 염원에
그 나라에서
날아온 학
천년을 나래 펴고

두 손 모아 기도하는
하얀 언어
하늘문 열려
마중 나온 생명
춤춘다

진흙 속에 피워 낸
고운 마음 닮고파
구름도 바람도
자고 가는 곳.

한(恨)

아흔 살 오영감
북녘 하늘 베개 베고
마지막 숨
몰아 쉬며 하는 말
'내, 내 손수건'

끝내 못다 먹은
주먹밥 한 덩이
고이 쌓던 손수건
붉은 꽃이 피었네

오매불망 별빛 따라
육십여 년 가던 길
닳고 닳아 망그러져
햇살도 달빛도 빛을 잃어
두견새 슬픈 울음에
하늘도 잠들었네

만나자던 삽다리
헤어졌던 삽다리
하얀 웃음 흘리며
바람에 실려 가는 넋.

시인의 무덤들이 사는 마을

살아서, 죽어서도
시의 끈 놓지 못한 이들
모여 사는 마을에
시는 강물처럼 흐르고

탈고 못한 한 줄
하늘자락 붙잡고 무덤가 거닐다
잡초 뽑아
물 길어 한 그루 심으면
별 나려와 어둠 사르고
향불처럼 타오르는 시향

손잡은
작은 돌 큰 돌에 새겨진 노래
달빛 속에 일렁이면
시의 바다
꽃 피고 나비 날아
바람도 허리끈 풀고
한 자락 낭송 하더라.

하늘빛 합창으로
나는 실바람
떠는 사연의
덩그러한
그리움.

*김우현 Kim, U Hyun

충남 부여 출생
단국대학교 영문학과 졸업
장승조각가
국제 펜클럽 한국본부 회원
한국문인협회 회원
한국문예사조문인협회 회원
밀레니엄문학회 회원
한국민족문학회 회원

수상_ 문예사랑 신춘문예 최우수상 수상
문예사조 문학상 수상
국제문화예술협회 매월당 김시습 문학상 금상 수상
이육사 문학상 수상

저서_ 시집「바람의 아들」
공저「예혼」,「봄 그리고 가을」
「작은 것들의 아름다움」 등 다수

주소_ 경기도 안양시 동안구 평촌동
꿈마을 건영 아파트 301동 1403호
전화_ 031 · 424 · 3838 / 010 · 3186 · 1948
이메일_ dngus1948@hanmail.net

춘설

메아리도 잦아들겠다
메아리가 하얗게
잦아들겠다

사랑하는 사람의 가슴을 열면
이러하겠다
물드는 고요에
동경이 그리웁겠고
내려앉은
도심 속의 소요사태
정원에는 중(中)고양이
발자욱 한 줄이면 되겠다
들새무리 어느 처마 밑
깃을 접고 있겠다

사랑하는 사람의,
고동소리가 이러하겠다
연녹의 핏줄위로
분 냄새 내려앉겠다.

제일(祭日)에

바람의 끝을 잡고
넘나드는 선승으로
심연을 이야기하는,
풀꽃의 자유로운
유랑이려 한다

하나 밖의 하나에 얽매이지 않고
갈라지는 별리를 헤아리지 않는다
사해 너머 품 안기로
벅찬 가슴 오늘만은
바람이려 한다

유곡(幽谷)한 강줄기
허리춤에 풀어
아득한 전설로 누우려 한다
당신과 나의 지워지지 않을
비릿한 선혈이려 한다.

신작로

잃어버린 유산 위를 걷는다
그리 값나가는 유물의 냄새는 아니지만
저 너머 작은 둔덕으로
순이의 발자국 소리 들린다
그녀의 소리 속에 찔레의
흰 미소가 떨어진다
그늘진 실향
봄 햇살에 서성인다.

봉평 메밀밭

몰아쳐
말간 생명이면
묻고 온 사람
거듭 태어나는
익명의 언어
하늘빛 합창으로
나는 실바람
떠는 사연의
덩그러한
그리움.

어머니 2

당신의 숟가락에
생선살을 얹는 걸 보면
이제 나도
늙었나 봅니다

곱돌처럼 곱던 자애로움
갑주 각질로 각인될 때
그리운 사향의 그늘 터에
매운 코끝을 내려놓습니다

밀 겨 학독
겸양 찧던 등허리 너머가
여태껏 펴질 줄 모르는 연유로
당신은, 하늘의 은유입니다

면경 같은 당신의 숟가락에
눈물샘을 이제는, 이제는
얹을까 합니다.

꽃에 대한 명상

면밀히 점검한다
사위(四圍)에 즐비한 잡다한 일상들을
하나하나 점검해 나간다
그네처럼 흔들리는
부랑하는 나를 발견한다
지친 사해의 바다
그 끝 간 자리
전율하는 삐삐 선으로
다시 살아난다
소슬한 바람과 더불어
고목을 일으키고
꽃잎을 틔운다
꽃이기를 바랐던 잡다한 일상들
자리를 내어주면
고사목, 진정한 꽃이 되고
꽃은 꽃으로 남는다.

창문 맞은편
낮은 구름으로 짓눌린 산에서
가늘게 물이 흐른다
눈물이 아니다

***한상일** Han, Sang Il

2008 문예사랑 신춘문예 당선
2010 첫 시집 "너 어디에 있느냐"
(주)하우엔지니어링 근무(현)

주소_ 부산시 북구 금곡동 주공APT 601동 1105호
전화_ 011 · 556 · 8954
이메일_ hansg@dreamwiz.com

계절은 돌아오는데

바람과 구름은
돌아오지 않는다

네 그림자도
돌아오지 않는다

하룻밤 자고
한 달이 가고
석 달 쯤 된 지금

계절은
서로가 먼 우리 곁에
파도처럼 낙엽을 뿌리고

두어 달 후엔
죽은 듯이 눈을 뿌려
식은 애정마저 덮겠지

부서진 사랑,
온전한 사랑,
짝 사랑,
어쨌든 사랑을...

이래저래

사랑을 못 찾아 외로우면
그 만큼

사랑을 찾아 행복하다면
그 만큼

그의 가슴 뚫으려는 창을 들고
그의 가슴 지키려는 방패 들고

너와 나
우리네 인생은

이래저래
상처다

울면서 웃으면서
꼬집고 달래면서

찾는가 보다
사는가 보다

어디 간다요

그대
떠나고 있는가

내 마음 다 보였는데
참말로 봤다요
다 본 듯 돌아 가는가

고무줄 같은 마음이 뭐다요
감출 것, 숨길 것 없어
나, 이대로요

나의 하루는 일 년쯤이니
우리는 수 백 년을 보냈고
수 천 년쯤 살거늘

값진 하루를 밟고
어디 간다요

그대,
사랑 담으려
어디 가는가

거울 술

거울을 보면서
나를 보면서
따르는 술이다

모두가 보이지만
나와 마주한 나와
거꾸로 도는 시계를 보며
마시는 술이다

지난 시간을 희롱하고 그를 잊어야함에
오늘은 어차피 무 개념의 술이므로

나의 눈을 보며
나의 눈길 받으며
취하는 술이다

내가 엄청 커 보이는 거울이
나를 위로하는 거울이 사랑스럽다
그저 볼 수밖에 없어
몹시 취하는 술이다

하루 비

일요일 아침,
창문을 열었다

하늘 가린 잿빛 구름이
소리마저 가리고 서너 줄기 비를 뿜고 있다

낮이 밤으로 들 때
같이 퇴근한 어제의 보슬비가
일요일을 말고 있는 오전

창문 맞은편
낮은 구름으로 짓눌린 산에서
가늘게 물이 흐른다
눈물이 아니다

일요일 오후,
창문을 열었다

하루 종일
그녀의 머릿결 빗줄기에 감금된 눈동자가
하루를 적신 구름에 구멍을 뚫는다
탈출하려한다

12월 31일

찌-이익
산타 할배와 산타 미녀의 웃음이 내리면
나와 내 친구는
한 살 더 철이 들어
괴롭고 슬프고 외로움 같은 힘듬이 줄어
짧은 오늘은 쉽게 살겠다 한다

철커덕
토끼가 벽으로 뛰어 걸리면
누구와 누구는
한 살 더 보탬에 힘이 나서
기쁨과 행복과 즐거움 같은 좋음이 늘어
일년쯤 그저 살겠다 한다

그믐 밤
무소음의 시계가 돌고 돌아
호랑이를 재우고
눈썹이 걱정되어 술 잔 든 나와 내 친구를
스르르 본다
스르르

하루해를 구워
김이 다 나간 가벼운 밥솥
밥 태우는 냄새가 그립다

***정기원** Jung, Gi Won

충남 당진 출생
월간〈문학공간〉 신인상 등단
〈가톨릭문학상〉〈평통문예작품상〉〈문예사랑〉 신춘문예상 수상
시집_ 〈벽에 걸린 세월〉〈돌탑에 소망을 얹다〉
〈가슴으로 전하는 말〉 상재
(사)한국문인협회 / 충남문협 및 충남시인협 회원/ 당진시인협회 편집장/
(전) 호수시문학 회장

주소_ 343-802 충남 당진군 당진읍 서문리409-7
중앙맨션 라동 201호
전화_ 041 · 354 · 3517 / 010 · 4703 · 3074
이메일_ drops123@hanmail.net

봄비

준비되지 않은 삶을 내린 벗의 영정에 비가 내린다
고개도 넘기 전에 무슨 생각이 그리 많아 버린 건지

만삭

가슴 슬어 담는 기다림
만삭의 하늘에서 양수가 터졌다
잔뜩 풀어헤친 머리채를 잡아 흔들던 바람
탯줄을 끊는 순간
요란한 울음이 터진다
한 생명의 탄생이다

전화로 출산 소식을 들었다
쏙 빼닮은 공주
이제 한 아이의 어미가 되고 아비가 되었다
부풀어 오른 몸으로 안았던 사랑의 씨앗
가벼운 맘으로 천을 걷어
만삭의 하늘을 본다

어떤 부부

면발처럼 길게 늘어선 사람 틈 사이
신소재를 찾으러 시장바구니 들었다
생선전을 지나 채소전, 가축시장까지 훑고 다녔다
싸움소리 요란한 생선가게에서 발걸음 멈췄다
비누거품처럼 부풀어 오른 구름이 금방 터질 거 같다
자장면 그릇이 내동댕이쳐진 길바닥
온통 시커멓게 그을려져 있다
썩을 놈 죽을 놈, 고성이 오가고
물러설 줄 모르는 분위기
전통 소싸움을 기억 하게 한다
엉켜진 매듭을 어디서 풀어야할지 아무도 모른다
햇살이 스러지는 씁쓸한 오후
그렇게 사는 게 삶의 방식인가보다
나도 삼십년을 살면서 저런 적이 있었는데
바라보다 소재로 바구니에 담아
내가 꿈꾸는 詩의 품으로 돌아간다

길路. 3

구름에 찢기어진 보름달
쫓기듯 달아난다
도시의 한 모퉁이를 돌아
온기 잃은 여름밤을 뒤척이다
어둠에 길들여진
거리로 나선다

바람에 흔들리던 달빛
잔뜩 부풀어 오른 구름사이로
모습 드러내면
부푼 꿈을 품은
색깔 짙은 미소로
별빛이 문을 여는 길을 가고 싶다

화염병

입추(立秋)가 몰고 돌아온
천둥소리, 밤을 설쳤다
높이 쏘아올린 폭죽처럼
마음을 펄펄 끓이던
발효된 장맛이다
소금 빛 흘러내리는 가슴사이로
뜨거운 흔들림이
불덩이 되어 걸어온다
간밤에 잘 절여진 생선 한 토막처럼
간기에 뒤범벅된 베갯잇에
화염병(火焰病)이라 쓴다

삶의 그림자

하루해를 구워
김이 다 나간 가벼운 밥솥
밥 태우는 냄새가 그립다
세월의 하얀 깃털이 다 빠진
등이 굽은 어머니
삶의 무게에 허우적이며
다섯 남매를 키우던 흔적이다
추운겨울 더듬더듬 길을 짚어가는
내가 걷는 삶의 방식이다
기침소리 빠져나간 방
살며시 열어보며 살아계신
안도(安堵)의 가방을 내려놓는다
내일이 있다는 깊이를
그림자 따라 뜨거운 가슴 꽃으로
한 움큼 피워 놓는다.

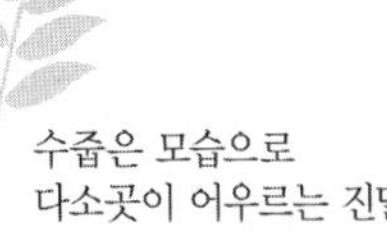

수줍은 모습으로
다소곳이 어우르는 진달래
환하게 웃음따라 찾아온다

*조종대 Jo, Jong Dae

밀레니엄문학회 회원
문예사랑 신춘문예 등단
시동인 연합 사화집 「봄 그리고 가을」 공저

주소_ 경기도 김포시 월곶면 갈산리 산 107-1번지
전화_ 010 · 5744 · 1260

비탈 밭에서

마음실어 가는
그곳엔
생끗 웃음 가득한
꿈을 먹고 사는
자연속에 피어난
땀방울 흐르고 있겠지

조그만 비탈밭에도
사랑이 싹트고
우정도 솟아 나는
보물이 따로 없구나

세상에 태어나
싱그러움 안겨주는
이쁜 내 자식들
행여 풀이 방해할까
뽑아주고 돌보아서
알토란 열매 안겨줄때

대지를 가졌고
태양을 벗 삼아
비탈밭에서 행복을 찾았노라

뜻한길 인생

꿈을 안고
걸어라
저기 뜻한 길로
한발 두발 앞으로
나아가는 인생

길고도 기나긴 세월
높은곳이 있다면
낮은곳도 있으리
굳은 신념으로
올바른 마음의 인생

수 많은 인연
헤아릴수 없는
수 많은 땀방울 속에
넘쳐나는 행복
밝아오는 화목한 인생

스치어 가는 세월
한해 두해
모든 어려움을 이겨낸
소중한 내일의 광명
웃음 넘쳐오는 인생이네

진달래 향연

고목이 즐비한 그늘 아래
연분홍 꽃잎 너울대고
눈길 사로잡고 오라하네
옹기종기 모여 군락을 이루고
사이좋은 오누이처럼
강한 숨결 넘쳐온다

청순하게 피어올라
진하게 다가온 이 느낌
다정한 한 가족인양
수줍은 모습으로
다소곳이 어우르는 진달래
환하게 웃음따라 찾아온다

바위틈 사이로
분홍얼굴 내밀어
유혹하는 고운 자태로
연분홍빛 달콤한 인사 받으며
다가선 너를 향한 정열
마음속에 고이 간직 하련다

님을 향한 정열

님 이시여
그 언제나 오시려나
텅빈 가슴 불태우고
생각 하자니 아파오는데
하루 하루 잊을길 없구나

님 이시여
불어오는 갈대 잎새마다
흔적 남기고
돌아올줄 몰라 하는가
해가 바뀐들 변함없이
기다리는 맘 어이하랴

님 이시여
흐르는 강물따라
손 흔들며 오는 모습
금방이라도 달려올것 같은 님
눈에선 아른 거리는데
이내몸 의지할곳 어디인가

나아가는 인생

세상의 나 였으면
하늘에 돛을 달고
대지에 노를저어
흐르는 물결위로
이상을 향하여 가리

뜻한길 움직여
크나큰 산을 어우르고
삽질 한번 일구어
바라고 원하는 대로
힘찬 비상을 이루리라

오로지 가야한다
가는 그길은
세운 진리를 굴하지 않으며
참다운 정이 넘치는
아름다운 세상이기에

여백의 의미

창문에 살며시 다가온
백지로 쓴 편지
아무런 의미도 없어
읽을수 없던 그 내용
생각하면 깊은뜻 숨어 있네

누구에게도 보여줄수 없는
이름모를 그리운 님 생각담아
달려온 길가에 피어난
애뜻한 가을꽃 들도
한페이지 장식 하려나

쓰다가 남은 여백
채우려 하여도
산들부는 바람결에
일렁이는 마음의 물결
여백으로 남겨두고 살리라

물빛의 호수는 억겁의 고뇌를 품어 안고
어디에도 없는 그림자를 찾아 헤매며
까만 밤을 하얗게 지새우고 있다

*박성해 Park, Sung Hae

문예사랑 신춘문예 등단
서정문학 신인문학상
밀레니엄문학회 회원
서정문학회 회원

주소_ 강원도 원주시 우산동 한라비발디APT 104동 203호
전화_ 070 · 4121 · 5065 / 011 · 9901 · 3686
이메일_ shbark902@nate.com

선운사 가는길

선운사 오르는 길에
눈물같이 뚝뚝 떨어진다는
동백꽃은 간데없고
복분자 붉은 열매 알알이 익어간다

입 안 가득 짙은 향기는 스쳐지나간
인연들의 피빛같은 연민이며
어느 날 다가선 그대의 상흔이리라

산사에 맑은 바람 불어오듯
문득 스쳐 지나가는 환영
풍경소리에 달그닥 거리며 꽂힌다

합장하고 들어서니 대웅전 부처님
내안에 욕심 송두리째 흔들어보며
비움으로 가득 채우는
지긋한 눈길로 마주한다

한세월 뒤에 여운만 남을 인연
연연하는 그 속수무책의 마음
풍경소리 먼산 언저리로 스미듯이
산사에 고이고이 묻어버리고 돌아섰다.

떠나는 날에

바람이 불어오던 날 유리창에 반사된
흐린 하늘이 눈물처럼 밀려간다.
관음사 풍경소리 처연하게 들려오고
바람결에 너의 향기 진하게 묻어나는데
짙어져가는 녹음이 우리들 이야기되어
푸른 숲으로 끝없이 이어지고 있다

그리움처럼 떠돌던 풀냄새 같은 너의 여운
맑은 계곡 물 흐르는 소리 마냥 귓전을 맴돌고
함께했던 시간만큼 그리움도 노을빛으로 물들어간다
한결 같이 그대 곁에 머물고 싶은
목마르게 간절한 바램이 눈물 되어 흐르는데
선잠깬 아이처럼 그대 찾아 헤매는 눈길은
문틈으로 새어나가는 바람 같은 너의 향기였다

물빛의 호수는 억겁의 고뇌를 품어 안고
어디에도 없는 그림자를 찾아 헤매며
까만 밤을 하얗게 지새우고 있다.

진천을 지나며

작은 실개천이 흐르고
자로 그어 잘라놓은 듯 한 논 자락
희망이 쑥쑥 자라기도 하고
때 아닌 한숨으로 절망하기도 한다.
물길 질로 먹이를 잡아 올리는 백로는
개구리밥 둥둥 떠있는 여름철이 살맛나고
풍요로움이 여물어가는 가을날엔
메뚜기떼 비행을 지켜볼 수 있는
그곳이 생거진천이라 한다나
희망이 있는 곳
살아야하는 곳
생거진천이라 내어걸린 슬로건이 주는
의미를 건져내려고 찾는 중에도
잠의 의식은 생존본능을 자극하고
왔다갔다 반복적인 행위에 눈길은 멈추고
바지런한 아낙의 손길에서 농부의 정취를 훔쳐낸다.
바라보는 것이 전부는 아니지…….
그 안에 내재되어있는 숱한것들속에
흠뻑 젖어들수있는 것으로 깨달아진다면
흐르는 시간조차도 내어줄수있는
너그러움을 나누고 싶다

가을날

마른풀꽃 향기 바람 타고 스물스물 기어오르며
쪽빛 머금은 호수 같은 하늘위로 그리움 날개 짓한다.
소슬바람 불어오면 살꽃이 먼저 돋아나듯
가을의향기 가슴속으로 굴러와 둥지를 틀고
몇잎남지않은 빛바랜 오동나무위 주인 없는 바람은
나그네처럼 떠돌다 그림자 찾아 떠난다.

수줍음처럼 피어오르던 봄안개의 속삭임
불타는 열기로 넘실되는 밤바다의 뜨거운 청춘
마주잡은 체온으로 걷고 싶던 은행잎 날리는 길
찬 서리 내리면 그리움은 옷깃에 젖어들고

가을은 그리 오고가는 것
희미한 촛불처럼 흔들리며
그리움처럼 소리 없이 다가와
맑은 웃음으로 마주선다.

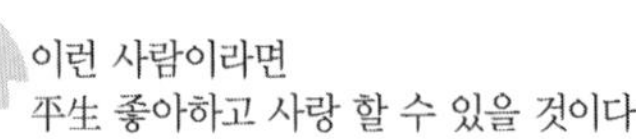

이런 사람이라면
平生 좋아하고 사랑 할 수 있을 것이다

*강지운 Kang, Ji Un

「문예사랑」 신춘문예 등단
[재]동방연서회 서법탐원회
[운영위원]편집위원 감사 역임
[사]서예미술진흥협회
[이사 한문위원장]초대작가회 부회장
추사전국휘호대회 집행위원장
운영위원장 심사위원
대한민국서예미술 공모대전 심사위원 역임
자랑스러운 한국인 선정
[정부]대한민국중앙인사위원회국가[DB]인재 등재
[정부]대한민국행정안전부국가[DB]인재 등재
조선일보국가[DB]인재 등재
중앙일보한국인물 등재
네이버/네이트/중앙일보/조인스닷컴/조선일보
피플한국인물 등재
갤러리 스카이연개관기념전 [인사동백상빌딩1층]

祝 福

갤러리 스카이연
서울 仁寺洞 中心地 白象빌딩에 있네

祝福 받은 文化 空間으로
이 나라의 藝術의 殿堂이 되어

오고가는 수 많은 사람들의
쉼터로 나눔과 展示의 廣場으로

世界로 發展해 나가는 갤러리 스카이연
仁寺洞의 자랑으로

우리나라의 名物로 成長하여
永遠히 永遠히 福되고

無限히 빛내라

경인년 가을에 갤러리 스카이연 개관기념을 위해서
우당 강지운 시를 지어 연실장님께 헌축드린다

꽃 향기 나는 사람

이 세상 모든 것을 사랑하고
禮儀 바르고 謙遜과 誠實로
勤勉하고 勇氣를 가지고

理解와 讓步를 하고 배려로
남의 잘 못을 容恕를 하여 社會와 國家를
위해서 奉仕를 하며

創造 精神으로 信義와 美德을 가지고
良心이 있는 사람이라면

이 世上의 빛이 되고
꽃 향기 처럼 香氣 나는 사람

이런 사람이라면
平生 좋아하고 사랑 할 수 있을 것이다

만 남

人間의 만남과 만남은
恒常 서로를 尊敬하고

信義 있는 사람
들꽃처럼 素朴하여

人情이 넘치고
마음씨 좋은 사람

언제나 親切하고 美笑가 있는 사람
이런 사람이라면

나의 모든 것을 아낌 없이
주리다

美 笑

삶의 날들이
내 얼굴 이오니
아름다운 美笑가 恒常 있게 하소서

밝은 美笑는 내 마음의 表現이면
남에게 기쁨을 주고
世上을 밝고 아름답게 합니다

아름다운 世上은
꽃 보다 보기가 좋고 香氣롭지요

이런 世上이 永遠하게
있게 하소서

좋은 親舊

親舊의 美聲을 듣고
반가움에 나의 가슴이 설레이고
만나서 얼굴을 보니

혜맑은 美笑가 기쁨을 주었네
그대의 天上의 美聲 聖歌를 듣고
너무나 幸福 하였네

親舊는 그전이나 지금이나
恒常 나에게 幸福을 주고 있어

나의 좋은 親舊 그대는 나의 永遠한
親舊

복음 성가 가수 지곡 선생은 나와 함께 예술을 한
오래된 친구다 우연히 성당에서 성가를 듣고 이 시를 짓다

2011년 갤러리 스카이연 새아침 축시

갤러리 스카이연
서울 관훈동 白象빌딩1층에 있네

東海바다
새아침에 붉게 솟아오른
太陽처럼 連이여 번창해 가는
갤러리 스카이연

이 세상에
하나 밖에없는 最高의 전시장으로
名作品으로 항상 가득히 채워주고

그 名聲
우리나라와 세계에 빛나게 하고
幸運. 祝福과 榮光이 함께 하여
영원히 있게 해다오

2011년 새아침에
갤러리 스카이연 대발전을
위해서 이 시를 짓네

인연이란 두려움보다도
어떻게 가꾸어 가는가에 기쁨이고 행복인것을
아픔의 이별이 있음에도
추억은 행복이고 아름다운것을

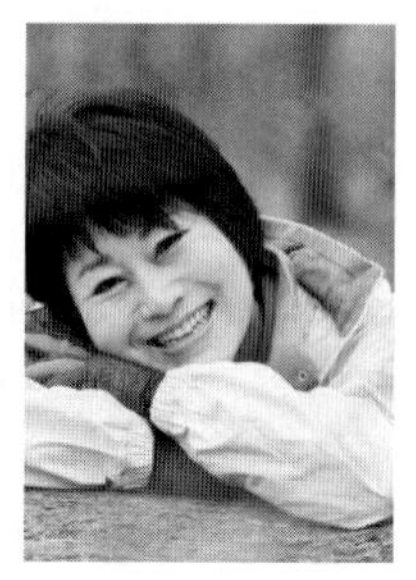

*서혜련 Seo, Hye Ryeon

밀레니엄문학회 회원
시를사랑하는사람들 회원
한올문학회 회원
문학창작 회원
문학일반 회원
코리아나화장품 방배점 운영

주소_ 서울특별시 용산구 주성동 26-1 2층
전화_ 02 · 535 · 8674 / 010 · 9258 · 7072
이메일_ 0008675@hanmail.net

가슴에 품은 사랑하나

가슴에 품은 사랑하나
무에 그리 아프고 아픈것인지!
난 몰라라 난 몰라라
뒤돌아 보지 안으려 애를 쓰는데

가슴에 품은 사랑하나
작은 그림자의 흔적에도 가슴설레이니
발자취에 머무는 발길은
하염없는 그리움으로 멈춰설수 없는데

가슴에 품은 사랑하나
내게 보낸 수많은 언어들은 지울수도
잊혀질수도 없는것은
진실 이였다고 믿기 때문이네

가을 향기

하늘은 한없이 높아만 가고 있음은
구월의 아픔이 서럽다 하는가
시월이 내앞에 성큼거리며 다가오메
따듯하고 그윽한 로즈향에 취하련다.

진갈색의 커튼은 가을을 부르고 있구나!
감잎새의 내음은 진한 갈잎 향으로
창문을 두드리지도 온다는 흔적도 없이
살포시 내방안에서 머물고 싶다 하네

가슴에 머문 작은 흔적하나에도 소중함은.
들꽃의 속삭임에도 행복할수 있음이
천사들의 합창을 들은듯 새들의 노래도
깊어가는 가을날 그리움의 향기가 머물수 있음에

어제의 푸르렀던 날들이 아름다워도
오늘 그윽한 가을 내음이 달콤하여라
살아 숨쉬는 내일을 기약 할수있는
무언의 약속을 숨쉬는 계절의 향기여라

그리움을 그린다

가는 길목마다
흔적이 남아 있으니
눈을 가리울수도
머무려는 시선이 가여워라

그림의 화폭처럼
가슴가득 색채의 그리움
의식없는 몽롱함에도
한폭 한폭의 추억의 그림이여라

황금물결 너울 너울
내게 오라 손짓춤을 추려나
끝없는 그리움
황금 벌판 나락위에 날리어나 볼까

깊어가는 늦가을 저녁
짙게 물든 보랏빛 가슴을
살포시 마중가라 하네
한폭의 그리움도 잊을수 없더이다

시월의 코스모스

시월을 노래하는 너
찬서리 내리는 들길에서
오늘도 여전히 해맑은 미소와
가녀린 손짓으로
모두를 반겨주며 행복한 너

스치는 바람에도
물결에 흘러가듯 춤을 추누나
회색구름 찌푸림 투정에도
무에 그리 좋아서 흥얼흥얼 노래를

황금빛 노을속에 투명해진 너
길을 가르며 넘나드는
많은 인적을 지출줄 모르고 반기누나
시월이 너를 만나려 함이더라

인연의 씨앗 주머니속에

잠시 아주 잠시만 내안을 보아요.
얼마나 많은 주머니가 있는지!
채워지는 주머니의
모양새와 크기도 다르고
용도도 이름도 너무나 다르기만 합니다

선명한 주머니 하나 그대를 위해 준비합니다.
어디에 두어도 채워질수 있기에
세상이 온통 정막함으로 가리워진다 해도
온통 환한 빛으로 수놓아
한줌의 씨앗을 간직하기에 그만입니다.

홀연히 날개짓 하며 가슴언저리에
머물고만 가려 하십니다.
움을 트이고 꽃을 피울수도 있는것을
꽃이 지면 볼수없음이 낭망하다는 그대여
꽃이지면 얻을수 있는 귀한 또하나의
씨앗을 주머니속에 간직할수 있지않은가요!

인연이란 두려움보다도
어떻게 가꾸어 가는가에 기쁨이고 행복인것을
아픔의 이별이 있음에도
추억은 행복이고 아름다운것을
소중한 인연의 주머니를 예쁘게 만들어 본다며
내마음에 언제나 아름다운 씨앗을
심고 살수있을것입니다

엄마 나의 어머니

한해를 시작하는 오늘입니다
찬서리 맞아 시들어 버린 그모습으로
우리를 기다리셨나 봅니다

아침 고운 햇살에 당신은 눈을뜨시고
찬서리 맞은 이내몸 곱게 단장하시니
가랑잎 흐트러진 텅빈 머리와
허수아비 흐느적 거리듯 옷맵시 어루시메

행여 오는 길목 잊었으랴
앞걸음 뒷걸음 지출줄도 모르십니다
우리는 당신의기다림을 잊은체로
내일이 있음을 핑계로 오늘도 잊고 있음이

우리들의 아이들은
엄마라고 부르며 행복을 노래 합니다
불효하게도 당신이 계심을
까맣게 잊은체로 웃고만 있습니다

엄마 그리고 나의 어머니
세상은 또다른 변화의 소리를
큰 종소리로 메아리 치며 서럽게
우리들의 가슴을 끝없이 울리웁니다

잠시라고 내일이라고
간절한 그리움을 가슴에 앉은체
어느덧 해를 넘기며 죄인된 마음으로
엄마 나의 어머니를 부르며 울음으로 속죄합니다.

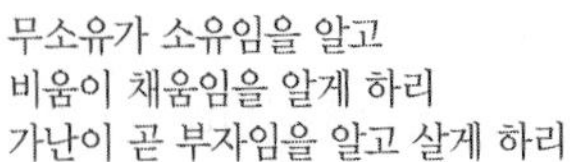

무소유가 소유임을 알고
비움이 채움임을 알게 하리
가난이 곧 부자임을 알고 살게 하리

밀레니엄 연혁

*사업 및 활동실적

A. 문학세미나

1. 1999년 6월	충청남도 예산시 김정호 생가 및 기념관 문학기행 세미나
2. 2000년 8월	강원도 삼척시 역사탐방 및 문학기행 세미나
3. 2001년 8월	전라남도 광주광역시 및 화순시 지역문학의 교류와 협력 세미나
4. 2001년 10월	전라북도 고창군 서정주 시인 생가 및 기념관 문학기행 미나
5. 2002년 5월	충청북도 충주시 문학기행 세미나
6. 2002년 11월	강원도 강릉시 문학기행 세미나
7. 2003년 8월	경상북도 대구광역시 문학기행 세미나 (유니버시아드 대회 기념 시화 품전시회)
8. 2003년 10월	전국 6개 시 동인 모임 참여(관악산)
9. 2004년 5월	전국 6개 시 동인 세미나 김포시 수산성바라시, 바탕시, 예도시, 탈후반기, 풍류문학, 밀레니엄, 서정시마을,
10. 2004년 6월	경기도 파주 연천 문학기행 세미나
11. 2004년 8월	경기도중등교사 하계세미나에 '김남조 시인' 모시고 다녀옴 경기도 용인시 자연휴양림
12. 2004년 10월	6개 동인 세미나 경기도 덕소 (바탕시, 바라시, 예도시, 풍류시, 탈후반기, 밀레니엄)
13. 2005년 7월	경기도 안성시 문학기행 세미나
14. 2005년 8월	광복60주년 맞이 1천명 한국문학인대회 참가 (백담사 문학세미나)
15. 2005년 8월	경기도 문인협회 세미나 참가 (충주 월악산유스호스텔)
16. 2005년 10월	김사갓문화예술제 참가 (강원도 영월시)
17. 2005년 10월	연합동인 세미나 (의정부 미가담카페) (바탕시, 바라시, 탈후반기, 애도시,밀레니엄)
18. 2006년 3월	밀레니엄 시낭송회 및 세미나 가평 '뮤직카페 열린무대'에서 후원 ; 경기일보 가평지사 및 4개 지역신문사 협찬 ; 뮤직카페 열린무대, 지식과 사람들김유정문학관 방문
19. 2006년 5월	연합동인 모임 안양 백운호수 '피아노 레스토랑 카페' 5개 연합동인 바탕시, 바라시 애도시, 탈후반기, 밀레니엄문학회,
20. 2006년 8월	밀레니엄문학회 하계세미나 (충주시) 역사 및 문학탐방 (사적지 탐방 ; 반현숙 사적지 해설가님께서 해설) (시비 견학 ; 박찬승 선생님께서 안내 및 해설)
21. 2006년 9~10월	제9회 난고 김삿갓(김병현)문학축제 참가 영월군 하동면
22. 2006년 10월	연합동인 모임 (경기도 덕소) 바탕시, 바라시, 애도시, 탈후반기,밀레니엄문학회
23. 2006년 11월	한국현대시인협회 국제세미나 (문학의 집)(한.중 국제세미나)
24. 2006년 11월	국제펜클럽한국본부 제13회 국제문학심포지엄 참가국 ; 스페인, 카나다, 일본, 중국 한국 (국민일보 메트로홀)
25. 2006년 12월	지역문학전국시, 도문학인교류대회 참가 (전남 화순군 금호리조트)
26. 2007년 5월	연합동인 모임 (경기도 덕소 묘적사)
27. 2007년 5월	국제펜클럽한국본부 '2007 정례문학세미나' 참가 (문학의 집)
28. 2007년 6월	서대문노인복지관 문학반 세미나 (용인수녀원 및 팜파스레스토랑)
29. 2007년 8월	밀레니엄문학회 하계세미나 (충주 문학 기행, 박찬승, 반현숙 선생 안내)
30. 2007년 10월	제10회 김삿갓 (난고, 김병현) 문학제에 다녀옴 김삿갓 탄생 200주년 기념 특별 행사 (문인 1000여명 초청 문학 큰 잔치)
31. 2007년 10월	국제펜클럽한국본부 '국제문학포럼' 참가 (중국 천진시 문인협회참가)
32. 2007년 10월	시동인연합 모임 (미가담)바탕시, 애도시, 탈후반기, 밀레니엄문학회
33. 2007년 10월	서천군 과 밀레니엄문학회 공동주최 '초중고생 백일장대회' 10만평 갈대밭, 철새도래지, 한산모시 제작 관람,
34. 2008년 3월	국제펜클럽, 한국문협, 동리.목월문학관 공동 주최 경주세미나 참가 연사 ; 이어령 교수 (시와 소설에 나타난 가족의 의미)
35. 2008년 5월	시동인연합 정기 모임 (몽마르트 라이브카페) (양평군 서종면 문호리 636번지) 바탕시, 예도시, 탈후반기, 시마을, 밀레니엄, 들꽃 , 100명 참석 (밀레니엄 주관)
36. 2008년 10월	한국현대시인협회 세미나 참가 (통영시 청마(깃발)축제 1박2일)
37. 2008년 10월	서대문노인복지관 문예창작반 세미나 진행 (강화도 육필문학관)
38. 2008년 10월	국제펜클럽한국본부 세미나 (백철선생 탄생 100주년 기념 문학 세미나) 청주시 1박2일
39. 2008년 10월	시동인 연합 정기모임 (경기도 덕소) 바탕시, 예도시, 탈후반기, 밀레니엄, 시마을 동인 등 50명 참석
40. 2009년 5월	영양군 '조지훈문학축제' 참가 43명 참석 (정찬우 문학강연) 1박2일
41. 2010년 5월	시동인연합 정기 모임 (양평) 바탕시, 예도시, 탈후반기, 밀레니엄, 시마을, 동인 등 60여명 참석

42. 2010년 10월	시동인연합 정기모임 (고양시 쥐눈콩 이마을 레스토랑) 바탕시, 예도시, 탈후반기, 밀레니엄, 시동인, 등 9개 동인 120여명 참가 (밀레니엄 주관)
43. 2010년 11월 13일	밀레니엄문학회 세미나 (계룡산 갑사 및 도예촌)

B. 문학비 건립

1. 2000년 12월	제1호 문학비(시비) 건립 (경기도 하성군 하성성당 내)
2. 2001년 10월	제2호 문학비(시비) 건립 (경기도 의왕시 천주교 수원교구 연수원 내)
3. 2002년 8월	제3호 문학비(시비) 건립 (경기도 용인시 영보수녀원 내)
4. 2005년 3월	제4호 문학비(시비) 건립 (경기도 광명시 도덕파크공원 내)
5. 2005년 3월	안산시 호수공원내 문학공원 (시비공원) 건립 (시비 18기 건립)

C. 세계한민족 도서관 건립

1. 샌프란시스코	제1호 도서관 건립 (2003년 6월)
2. 오클랜드	제2호 도서관 건립 (2003년 9월)
3. 후레스노	제3호 도서관 건립 (2004년 4월)
4. 중국 연길시	제1호 도서관 건립 (2004년 7월)
5 .콜로라도	제4호 도서관 건립 (2004년 9월)
6. 쎄크라멘토	제5호 도서관 건립 (2004년 9월)
7. 덴버	제6호 도서관 건립 (2004년 9월)
8. 일본 오사카	제1호 도서관 건립 (2004년 10월)
9. 중국 북경	제2호 도서관 건립 (2005년 3월)
10. 북경, 남경, 천진	각 대학에 도서 지원 (2005년 12월)

D. 예술제

1. 2003년 10월	밀레니엄 문화예술제 (동,서양화 서예, 시화) COEX CONVENTION CENTER (세계한상대회 기간중)
2. 2004년 10월	시화등전시회 (분당 삼성프라자 6층 겔러리)
3. 2004년 11월	김영은 첼로독주회 참가 (밀레니엄 전가족)
4. 2004년 11월	국민시낭송의밤 (대한민국국회, 전국문화원연합회 주최) 참가 (장소 ; 국회의사당 국회 도서관)
5. 2005년 11월	시의날 기념 '시와 음악이 춤추는 밤' 참가 (광진문화원)
6. 2006년 11월	'시와 음악이 춤추는 밤' 참가 (광진문화원)
7. 2007년 11월	'시와 음악이 춤추는 밤' 참가 (광진문화원)
8. 2008년 11월	'시와 음악이 춤추는 밤' 참가 (광진문화원)
9. 2009년 11월	'시와 음악이 춤추는 밤' 참가 (광진문화원)
10. 2010년 11월	'시와 음악이 춤추는 밤' 참가 (광진 청소년문화원)
11. 2010년 5월	서울오라토리오와 KOIMA CEO 합창단 협연 (예술의 전당)
12. 2010년 12월	KOIMA CEO 합창단 공연 (단장 정찬우) 주최 (장천아트홀)

E. 문학서 발간

1. 정찬우 시집	'내 영혼의 하얀 미소' (1998년), '내게 사랑 하나 있네' (2000년), '꽃으로 선 당신' (2007년)
2. 강기옥 시집	'하늘빛 사랑' (1999년), '빈자리에 맴도는 그리움으로' (2001년), '오늘같은 날에는' (2002년), '내안의 기쁨으로' (2006년)
3. 이지영 시집	'그리움으로 달려가 달빛처럼 젖고싶다' (1995년), '젖은날의 일기' (1998년), '꿈꾸는 밀어' (2000년), '가까운 사람아 먼 사람아'(2001), '산 하나 품고' (2003년), '사랑으로 가는 바람' (2006년), '절망의 층계 쌓기' (2007년), '소멸의 뒤안길' (2008년), '육부능선에 서서' (2010년)
4. 양일석 시집	'포도 따는 남자' (2000년)
5. 위상진 시집	'햇살로 실뜨기' (1999년)
6. 이종봉 시집	'작은사랑 그대 가슴에' (1998년)
7. 정옥인 시집	'갖고 싶어도 못 갖는 것은' (1999년), '눈물로 피는 꽃' (2002년), '그리움이란 무지개' (2005년)
8. 차영주 시집	'그리우면 그리운대로' (2000년), '삶이 버거울 때 읽는 시' (2003년)
9. 홍광선 시집	'소리의 유혹' (2001년)
10. 밀레니엄 시선	'아우성' (2002년)
11. 밀레니엄 시선	'잎새의 끈 (2004년)
12. 강희동 시선	'손이 차가워지면 세상이 쓸쓸해진다' (2005년)
13. 박희주 자전적 소설집	'준비한 삶이 당당하다' (2005년), '사랑의 파르티 잔' (2008년)
14. 김정현 시집	'네가 손끝으로 말하면 나는 작은 눈으로 듣는다' (2005년)
15. 변영표 시집	'어디로 가야' (2007년)
16. 밀레니엄 시선	' 그대 눈빛 하나로 그리움은 꽃이 되고' (2005년)
17. 서대문노인종합복지관 문학반 문집	'황혼의 들녁에 서서' (2006년)
18. 유재원 시집	'별' (2006년)
19. 밀레니엄 시선	'삶이 오가는 바람이여' (2006년)
20. 천수문학회 사화집	'바람에게 길 하나' (2007년)
21. 조수현 시집	'의자도 자란다' (2007년)
22. 이경애 토론 모음집	'연상토론으로 맥잡았다' (2007년)
23. 밀레니엄 시선	'눈 먼 사랑을 깨우는 종소리' (2007년)
24. 서대문노인종합복지관 문학반 문집	'황혼의 들녁에 핀 꽃' (2008년)
25. 광명시 평생학습원 삶의 향기반 문집	'바람결에 날아드는 홀씨 하나' (2008)
26. 김현옥 시집	'겨울 아이'(2008년)
27. 서대문노인복지관 문학반 문집	'꽃으로 피워낸 삶'(2009년)
28. 밀레니엄 시선	'작은 것들의 아름다움'(2009년)
29. 시동인연합 사화집	'봄 그리고 가을' 발행 (2009년)

30. 박공수 시집 | '대륙의 손 잡이' 발행 (2010년)
31. 김우현 시집 | '바람이 아들' 발행 (2010년)
32. 한상일 시집 | '너 어디에 있느냐' 발행 (2010년)

F. 출판기념회

1. 1998년 11월 | 정찬우 출판기념회 (세종문화회관 대연회장)
2. 2000년 11월 | 정찬우 출판기념회 (세종문화회관 대연회장)
3. 2002년 12월 | 박희주 출판기념회 (부천시민회관 강당)
4. 2002년 1월 | 밀레니엄 사화집 출판기념회 (충무로 대림정)
5. 2003년 11월 | 이지영 출판기념회 (세종문화회관 소연회장)
6. 2004년 12월 | 밀레니엄사화집 출판기념회 (충무로 대림정)
7. 2005년 9월 | 강희동 출판기념회 (과천시민회관 소연회장)
8. 2005년 11월 | 박희주 출판기념회 (강남웨딩문화원)
9. 2005년 12월 | 밀레니엄사화집 출판기념회 (충무로 사무실)
10. 2006년 9월 10일 | 서대문노인종합복지관 문집 (서대문노인종합복지관 회의실)
11. 2006년 11월 | 유재원 출판기념회 (남영동 미성회관)
12. 2007년 1월 | 이지영 (사랑으로 가는 바람), 강기옥 (내 안에 기쁨으로) 출판기념회 (과천 레스토랑)
13. 2007년 6월 | 변영표 (어디로 가야) 출판기념 (서초동 사무실)
14. 2007년 12월 | 밀레니엄사화집 출판기념 (서초동 사무실)
15. 2008년 2월 | 박희주 출판기념회 ; 사랑의 파르티잔 (부천문화원)
16. 2009년 10월 | 시동인연합 사화집 '봄 그리고 가을' 출판기념
17. 2010년 1월 | 박공수 ' 대륙의 손 잡이 ' 출판기념회
18. 2010년 2월 | 김정현 출판기념회

G. 문학상 수상

1. 정찬우 | 한국민족문학상, 문학21문학상, 탐미문학상,에피포도문학상, 부원문학상,
2. 이지영 | 한국민족문학상, 문예사조문학상, 문학21문학상, 탐미문학상, 황진이문학상, 세계가야금관왕관상,
3. 차영주 | 한국민족문학상, 문학21문학상,
4. 정옥인 | 한국민족문학상, 한맥문학상, 세계가야금관왕관상,
5. 강기옥 | 서전문학상, 서울문예상, 한국자유시인상, 탐미문학상, 한국계관시인상, 한국현대시문학상(독서신문),
6. 이종봉 | 한하운문학상, 이육사문학상, 광명문학상, 경기문학상, 좋은문학 공로상, 한국민족문학상, 광명시장상(문학부문), 광명문학상(대상)
7. 위상진 | 경기문학상, 광명문학상
8. 장충열 | 자랑스런시민상(문학부문), 문학21문학상, 육필문학상, 에피포도문학상
9. 박희주 | 탐미문학상
10. 홍광선 | 한국민족문학상, 국무총리상
11. 유영애 | 에피포도문학상, 서전문학상
12. 김정현 | 서전문학상
13. 유재원 | 충청문학상

H. 출판사 등록 신고 및 정기 간행물 등록증 발부

1. 2004년 12월 15일 | 도서출판 밀레 (출판사 등록 신고번호 ; 2-4078) 2004년 12월 15 일자
2. 2005년 1월 17일 | 정기간행물 등록증 발부 ; 문화체육부 등록번호 ; 문화 마 02858 (2005년 1월 17일자)
3. 2005년 2월 25일 | 문예부흥운동지 '문예사랑' 제1집 발행
4. 2005년 4월 25일 | 문예부흥운동지 '문예사랑' 제2집 발행
5. 2005년 6월 30일 | 문예부흥운동지 '문예사랑' 제3집 발행
6. 2005년 8월 30일 | 문예부흥운동지 '문예사랑' 제4집 발행
7. 2005년 10월 20일 | 박희주 감수 '준비된 삶이 당당하다' 자전적 소설집 발행
8. 2005년 11월 5일 | 문예부흥운동지 '문예사랑' 제5집 발행
9. 2005년 12월 3일 | 김정현 시집 '네가 손끝으로 말하면 나는 작은 눈으로 듣는다' 발행
10. 2005년 12월 20일 | 밀레니엄시선 '그대 눈빛 하나로 그리움은 꽃이 되고' 발행
11. 2006년 1월 6일 | 문예부흥운동지 '문예사랑' 제6집 발행
12. 2006년 3월 1일 | 문예부흥운동지 '문예사랑' 제7집 발행
13. 2006년 8월 5일 | 문예부흥운동지 '문예사랑' 제8집 발행
14. 2006년 9월 4일 | '황혼의 들녁에 서서' 발행 (서대문시립노인종합복지관 '시문학 창작반' 시와 수필의 문집)
15. 2006년 10월 31일 | 문예부흥운동지 '문예사랑' 제9집 발행
16. 2006년 12월 5일 | 이지영 시선집 '사랑으로 가는 바람' 발행
17. 2006년 12월 12일 | 밀레니엄시선 ' 삶이 오가는 바람이여' 발행
18. 2007년 1월 10일 | 문예부흥운동지 '문예사랑' 제10집 발행
19. 2007년 2월 5일 | 천수문학 사화집 ; '바람에게 길 하나' 발행
20. 2007년 4월 14일 | 문예부흥운동지 '문예사랑' 제11집 발행
21. 2007년 7월 20일 | 문예부흥운동지 '문예사랑' 제12집 발행
22. 2007년 8월 5일 | 이경애 토론 모음집 '연상토론으로 맥잡았다' 발행
23. 2007년 8월 30일 | 조수현 시집 '의자도 자란다' 발행
24. 2007년 11월 25일 | 정찬우 (한영대역시집) '꽃으로 선 당신' 발행

25. 2007년 12월 13일 밀레니엄문학회 사화집 발행 '눈 먼 사랑을 깨우는 종소리' 발행

26. 2008년 2월 25일 '황혼의 들녘에 핀 꽃' 발행 (서대문시립노인종합복지관 '시문학 창작반' 시와 수필의 문집)

27. 2008년 3월 5일 문예부흥운동지 '문예사랑' 제13집 발행

28. 2008년 5월 14일 광명시평생학습원 '삶의 향기반 ; '바람결에 날아드는 홀씨 하나 '

29. 2008년 6월 15일 문예부흥운동지 '문예사랑' 제14집 발행

30. 2008년 9월 12일 김현옥 시집 '겨울 아이' 발행

31. 2008년 9월 25일 문예부흥운동지 '문예사랑' 제15집 발행

32. 2008년 12월 19일 문예부흥운동지 '문예사랑' 제16호 발행

33. 2009년 2월 25일 정치, 경제 전문지 '글로벌 이슈와 한국의 전략' 발행

34. 2009년 3월 20일 문예부흥운동지 '문예사랑' 제17호 발행

35. 2009년 4월 25일 '꽃으로 피워 낸 삶' 발행 (서대문시립노인종합복지관 '시문학 창작반' 시와 수필의 문집)

36. 2009년 6월 20일 문예부흥운동지 '문예사랑' 제18호 발행

37. 2009년 9월 10일 문예부흥운동지 '문예사랑' 제19호 발행

38. 2009년 10월 10 일 시동인연합 사화집 ; 봄 그리고 가을' 발행

39. 2009년 11월 15일 ;

40. 2009년 12월 15일 박공수 시집 '대륙의 손 잡이' 발행문예부흥운동지 '문예사랑' 제20호 발행

41. 2010년 3월 30일 문예부흥운동지 '문예사랑' 제21호 발행 (1백만부 돌파 기념 특집)

42. 2010년 7월 30일 문예부흥운동지 '문예사랑' 제22호 발행

43. 2010년 11월 5일 한상일 시집 '너 어디에 있느냐' 발행

44. 2010년 11월 30일 문예부흥운동지 '문예사랑 제23호 발행

45. 2011년 1월 30일 밀레니엄 사화집 '길 위에 길이 되어' 발행(2011년)

I. 밀레니엄문학회 신춘문예 및 문학상 시상식

1. 2008년 12월 19일 밀레니엄문학회 신춘문예 시상식 및 송년의 밤 행사 국제전자센타 12층 컨벤션 & 웨딩 센타 대 연회장

2. 2009년 12월 19일 밀레니엄문학회 신춘문예 시상식 및 송년의 밤 행사 백운호수 지인 레스토랑

3. 2010년 4월 23일 밀레니엄문학회 문예사랑 1백만부 기념 및 신춘문예 시상식 행사 국제전자센터 아베뉴 홀 (12층)

J. 방송 출연

1. KBS 방송 (KBS 제2 라디오 FM 방송 106.1 MHZ)
   - '생방송 열린 아침 정용석 입니다' 프로에 출연
   - 2004년 10월 14일(화요일) 오전 7시 40분 부터 8시까지
   - 내용 ; '책으로 여는 세상'
   - 해외 교포들에게 태극기 무궁화사진 및 책보내기 운동등 문화예술제등에 대한 대담.

2. 평화방송 (FM 라디오 105.3 MHZ)
   - 2006. 9월 18일 오후 4시5분 부터 5시 까지 '할아버 할머니 건강하세요' 생방송 프로 출연 인터뷰.
   - '황혼의 들녁에 서서' 출간으로 할아버지, 할머니에게 문학강연 내용과 책사랑, 문학사랑에 대한 대담.

3. SKY 방송 채널 531 (시인의 뜨락) 출연
   - 84회 대담 출연 ; 강기옥, 장충열
   - 100회 대담 출연 ; 정재원, 김정현
   - 105회 대담 출연 ; 정찬우, 이지영 (2008년 3월 29일)
   - 106회 대담 출연 ; 류시정, 박희주

4. 연합뉴스
   - 할머니,할아버지 문학수업 기사 (정찬우) (2008년 3월 10일)

5. 한겨레신문
   - 서대문노인종합복지관 문학수업에 관한 기사 (정찬우) (2008년 3월 10일)

6. KBS방송 (KBS 제1 FM 라디오)
   - 2008년 3월 29일 오후 3시20분-40분까지 방송
   - 서대문노인종합복지관 문학반 수업에 대한 방송(정찬우)

7. 수도권신문
   - ' 바람결에 날아든 홀씨 하나' 광명시 합습동아리 ' 삶의 향기'반 작품집 발간 (2008년 6월 2일)

8. TBN 한국방송공사
   - '오승룡의 길따라 노래따라' 2009년 6월 11일(목요일) 저녁 ; 9 :05 ~ 9 ; 59
   - 이지영 시 '한산 모시' 방영

K. 신문 기사

1. 1997년 7월 20일 시 '두메산골' 수록 (평화신문)

2. 1997년 12월 23일 현우무역(주) 정찬우 대표 소개 (중앙일보 발행 이코노미스트지)

3. 1998년 11월 12일 시집 소개 '내 영혼의 하얀 미소' (조선일보)

4. 1998년 11월 시집 소개 '내 영혼의 하얀 미소' (매일경제신문 citylife)

5. 1998년 12월 7일 신간 안내 '내 영혼의 하얀 미소' (중앙대학교 신문)

6. 1999년 1월 15일 시집 소개 '내 영혼의 하얀 미소' (서울대학교 동창회보)

7. 1999년 5월 1일 신간 안내 '내 영혼의 하얀 미소' (경희대학교 동문회보)

8. 1999년 6일 1일 정찬우 세계 각국으로의 우리 책 보내기 운동 기사 (경희대 동문회보)

9. 1999년 9월 11일 아침에 읽는 시 '빛' 수록 (국민일보)

10. 1999년 10월 28일 아침에 읽는 시 '오늘 사랑은 1' (국민일보)

11. 1999년 12월 23일 아침에 읽는 시 '소망' 수록 (국민일보)

12. 2000년 4월 10일 월요시단 '촛불' 수록 (중부신문)

13. 2000년 5월 15일 시로 읽는 월요일 '5월, 그날이 오면' 수록 (전남매일신문)

14. 2000년 11월 4일 '정찬우 시인 출판기념회 소개' (전남매일)

15. 2000년 11월 8일 '정찬우 시인 세종문화회관에 출판기념회 소개' (전남매일)

16. 2000년 11월 5일 새로나온 책 '내게 사랑 하나 있네' 안내 (동아일보)

17. 2000년 12월 1일 새로나온 책 '내게 사랑 하나 있네' 안내 (경희대동문회보)

18. 2002년 1월 20일 '정찬우 시인 시비 건립' 경기도 하성군 하성성당에 소개 (카톨릭신문)

19. 2003년 4월 1일 정찬우 시인 월간 'NEWS LETTER' 발간 안내 (경희대 총동문회보)

20. 2003년 6월 2일 태극기 보급, 한국 책읽기 운동 (미국발행 중앙일보)

21. 2003년 9월 25일 정찬우 밀레니엄문학회 회장 '한상대회서 서화전 열어' 소개 (매일경제)

22. 2003년 9월 23일 연합인터뷰 '밀레니엄문학회 정찬우 회장' 기사 (연합뉴스)

23. 2003년 9월 23일 '밀레니엄문학회 정찬우 회장 소개 (NATE 뉴스)

24. 2003년 10월 6일 '밀레니엄문학회 정찬우 회장' 소개 (한겨레신문)

25. 2003년 10월 6일 '밀레니엄문학회 정찬우 회장' 소개 (NATE 뉴스)

26. 2003년 10월 8일 서울, 밀레니엄 문화예술 전시회 개최 정찬우 회장 (광주일보)

27. 2004년 3월 24일 프레즈노에 한인도서관 개관 (밀레니엄문학회 정찬우 회장) (미국발행 한국일보)

28. 2004년 3월 24일 한인 도서관 2곳 개설 개관 (밀레니엄문학회 정찬우 회장) (미국발행 중앙일보)

29. 2004년 3월 4천권의 따뜻하고 넉넉한 동포애 (콜로라도, 덴버지역에 도서관 건립) (미국발행 SUNDAY KYOCHARO KOREAN NEWS)

30. 2004년 3월 31일 '사랑의 책 보내기' 열띤 호응 (밀레니엄문학회 정찬우 회장) (미국발행 한국일보)

31. 2004년 7월 30일 덴버 한국학교에 책보내기 (한민족 책사랑무궁화협회, 밀레니엄문학회) 소개 (미국발행 중앙일보)

32. 2004년 9월 2일 콜로라도에 3천권 책모아 '한인도서관'연다 (밀레니엄문학회 정찬우 회장) (미국발행 세계일보)

33. 2004년 9월 9일 덴버 한인들에 사랑의 책 전달 (밀레니엄문학회 정찬우 회장) (미국발행 중앙일보)

34. 2004년 9월 9일 덴버 한인 도서관 문 열게 됐다 (밀레니엄문학회 정찬우 회장) (미국발행 한국일보)

35. 2004년 10월 5일 시 '고황의 요람' 수록 (경희대 총동문회보)

36. 2008년 3월 10일 사람들 '할머니들의 시 선생 정찬우' (연합뉴스)

37. 2008년 3월 10일 사람 '어르신 제자들 작품엔 삶의 지혜 가득' (한겨레 신문) 시집펴낸 서대문노인복지관 창작문학반 '시 선생 정찬우'

38. 2005년 3월 21일 바지 뒷주머니에 쏙 '격월간 문예사랑 창간' (중앙일보) (중앙일보 인터넷뉴스)

39. 2005년 3월 21일 포켓용 문학잡지 '문예사랑' 창간 (연합뉴스)

40. 2005년 4월 1일 문예부흥운동지 '문예사랑' 창간 (경희대 총동문회보)

41. 2005년 5월 14일 주머니에 쏙 언제 어디서나 꺼내세요 "문예사랑' 창간 (매일경제)

42. 2005년 10월 19일 세계한민족 도서관 건립운동 (밀레니엄문학회 정찬우 회장) (한아름 뉴스)

43. 2006년 9월 14일 (할머니 할아버지 창작집) 소개 (연합뉴스)

44. 2008년 3월 10일 서대문노인복지관 문학수업 에 관한 소개 (한겨레신문)

45. 2008년 6월 2일 광명시 평생학습원 '삶의 향기 문학반' 소개 (수도권신문)

46. 2010년 12월 17일 KOIMA CEO 합창단 창단 1주년 기념공연(주한외국근로자 위문 및 불우이웃돕기 자선공연)

단장 정찬우(밀레니엄문학회 회장)은 장천아트홀에서 공연을 가졌다.(연합뉴스, 아시아투데이 신문, 코리아타임스)

L. 언론사 칼럼

1. 2007년 11월 7일 '대통령 선거를 보는 국민의 마음' (시사 코리아 신문)

2. 2007년 11월 21일 '국가와 민족의 미래를 먼저 생각하자' (시사 코리아 신문)

3. 2007년 12월 5일 '국민을 무섭게 보는 정치 풍토를 바란다' (시사 코리아 신문)

4. 2007년 12월 19일 '정치인, 검찰은 국민앞에 각성하라' (시사 코리아 신문)

5. 2008년 1월 2일 '대통령 당선자에게 바란다' (시사 코리아 신문)

6. 2008년 1월 16일 '교육개혁의 혁신을 바란다' (시사 코리아 신문)

7. 2008년 1월 30일 '초일류 국가의 국민이 되기 위한 기초교육이 필요하다' (시사 코리아 신문)

8. 2008년 3월 5일 '새 정부의 인수위가 구상하는 영어 교육의 정책적 모순' (시사 코리아 신문)

9. 2008년 4월 9일 '자원을 위한 정부와 기업의 역할' (시사 코리아 신문)

10. 2008년 4월 30일 '혁신도시의 재 구상이 필요하다' (시사 코리아 신문)

11. 2008년 5월 14일 '올림픽과 테러 (시사 코리아 신문)

12. 2008년 5월 25일 '실용외교에 따른 쇠고기 수입' (시사 코리아 신문)

13. 2008년 6월 11일 '대북정책의 획일화가 필요하다' (시사 코리아 신문)

14. 2008년 6월 25일 '미래지향적인 한.중 전략적 협력동반자 관계' (시사 코리아 신문)

인지생략

길 위에 길이 되어

2011년 1월 27일 인쇄
2011년 2월 1일 발행

저 자	이지영 외
발 행 인	정찬우
펴 낸 곳	도서출판 밀레
등 록 번 호	제2-4078호
주 소	서울특별시 서초구 서초3동 1588-7석탑오피스텔 210호
대 표 전 화	02) 588-4671~2
팩 스	02) 588-4673
E-mail	hyunwoot@hanmail.net hyunwoot@paran.com
ISBN	978-89-92541-14-5 03800
	값 / 10,000원

인지는 저자와 합의하에 생략합니다.
파본된 책을 바꾸어 드립니다.